CHENGSHI GUIDAO JIAOTONG GONGCHENG
JISHU JINGJI ZHIBIAO

城市轨道交通工程技术经济指标

信号篇

主编　谢国胜

人民交通出版社股份有限公司
北　京

内 容 提 要

本书共6章,分别介绍了信号系统的基本知识、信号系统工程量计算原则、信号系统设备单价分析、工程案例分析、信号系统造价指标分析、信号系统造价指标应用等相关内容。

本书可供从事城市轨道交通工程经济和造价咨询的相关人员参考使用。

图书在版编目(CIP)数据

城市轨道交通工程技术经济指标. 信号篇/谢国胜主编. —北京:人民交通出版社股份有限公司,2020.8

ISBN 978-7-114-16819-2

Ⅰ.①城… Ⅱ.①谢… Ⅲ.①城市铁路—铁路信号—铁路工程—经济指标 Ⅳ.①U239.5

中国版本图书馆CIP数据核字(2020)第164942号

Chengshi Guidao Jiaotong Gongcheng Jishu Jingji Zhibiao——Xinhao Pian

书　　名: 城市轨道交通工程技术经济指标——信号篇
著 作 者: 谢国胜
责任编辑: 刘彩云
责任校对: 孙国靖　卢　弦
责任印制: 张　凯
出版发行: 人民交通出版社股份有限公司
地　　址: (100011)北京市朝阳区安定门外外馆斜街3号
网　　址: http://www.ccpcl.com.cn
销售电话: (010)59757973
总 经 销: 人民交通出版社股份有限公司发行部
经　　销: 各地新华书店
印　　刷: 北京虎彩文化传播有限公司
开　　本: 787×1092　1/16
印　　张: 5.5
字　　数: 105千
版　　次: 2020年8月　第1版
印　　次: 2020年8月　第1次印刷
书　　号: ISBN 978-7-114-16819-2
定　　价: 38.00元

前 言

PREFACE

2020 年是我国“十三五”规划的收官之年，受全球疫情冲击，世界经济严重衰退，产业链、供应链循环受阻，国际贸易投资萎缩，大宗商品市场动荡，经济全球化遭遇逆流。当前，我国正逐步建立以国内大循环为主体、国内国际双循环相互促进的新发展格局。

2019 年，我国内地新增城市轨道交通运营线路长度共计 968.77km，再创历史新高。截至 2019 年 12 月 31 日，我国内地累计有 40 个城市开通轨道交通线路，运营里程达 6730.27km。预计到 2025 年，我国内地开通运营城市轨道交通的城市将达到 50 个，运营里程将达到 1.5 万 km。

前所未有的建设规模，带来空前的资金需求，初步估计，“十四五”期间，城市轨道交通建设投资将超过 5 万亿元。城市轨道交通具有建设周期长、工程难度大、资金回收慢、社会公益性强等特点，其投融资模式正由政府单一投资逐步向多元化投资转变。目前，城市轨道交通投资管控已成为各级政府主管部门、项目投资方、建设方、设计方共同关注的焦点。

城市轨道交通工程信号系统是集行车指挥和列车运行控制为一体的重要的机电系统，直接关系到轨道交通运营安全、运营效率以及服务质量，具有保证乘客和列车安全，实现列车快速、高密度、有序运行的功能，是现代城市轨道交通核心控制技术之一。

本书总结了近年来多个城市轨道交通信号系统设计、概预算编制经验，全面研究了各项目工程量、单价、定额、取费等标准，重点分析了工程量计算原则、设备参考单价、子系统指标以及影响因素，可为编制城市轨道交通建设规划、预可行性研究报告和工程可行性研究报告投资估算、初步设计概算、施工图预算、竣工结算以及决算等全过程投资控制提供参考。

本书有三大特点：

一是首次从工程造价的角度，对信号系统主要工程量的计算原则进行了介绍。

二是首次给出信号系统主要设备的参考单价。因信号系统涉及行车安全，各厂商的关键技术、接口协议均不对外开放，不同厂商之间的设备无法实现互联互通。由于信号系统的特殊性，绝大部分设备均只列出设备名称，无相关规格型号。因此，不同地区、不同线路、不同单位、不同厂商所采用的设备单价均有一定差异。

三是首次建立信号系统造价指标模型，能够根据工程初步技术方案快速测算出信号系统造价。

本书在编写过程中得到了信号专业设计人员、经济专业分析人员的大量帮助和支持，在此一并表示感谢！

本书是城市轨道交通工程技术经济指标系列的“信号篇”，后续还将适时推出其他专业篇。由于时间仓促，水平有限，书中难免存在不足或错漏之处，敬请专家、同仁们给予批评、指正。

编　者

2020 年 6 月

目 录

CONTENTS

第 1 章　信号系统简介

城市轨道交通信号系统由正线信号系统和车辆基地信号系统组成，用于列车进路控制、列车间隔控制、列车调度指挥、运行信息管理、设备工况监测和设备维护管理等。

1) 系统功能

正线信号系统即正线列车自动控制（Automatic Train Control，简称 ATC）系统，包括三个子系统：

（1）列车自动监控（Automatic Train Supervision，简称 ATS）系统，主要实现对列车运行的监督和控制，辅助调度人员对全线列车进行管理。

（2）列车自动防护（Automatic Train Protection，简称 ATP）系统，主要实现对列车的超速防护、闭塞和联锁。

（3）列车自动运行（Automatic Train Operation，简称 ATO）系统，主要实现“地对车的运行控制”，即用地面信息实现对列车驱动、制动的控制。

三个子系统通过信息交换网络构成闭环系统，实现地面控制与车上控制结合、现地控制与中央控制结合，构成一个以安全设备为基础，集行车指挥、运行调整以及列车驾驶自动化等功能为一体的列车自动控制系统，充分发挥着保障行车安全、提高运行效率、缩短行车间隔、促进管理现代化、提高运输能力和服务质量的作用。ATC 系统功能示意图如图 1-1 所示。

车辆基地信号系统，是车辆段和停车场信号系统的简称，也称车辆段计算机联锁（Computer Interlocking，简称 CI）系统，是实现道岔、信号机、轨道区段间的正确联锁关系及进路控制的安全系统。

2) 系统设计原则

信号系统是保证行车安全、提高行车效率、改善服务质量的重要设施。城市轨道交通工程信号系统的主要设计原则如下：

（1）信号系统必须以安全可靠、技术成熟、先进实用和经济合理为设计宗旨，选用经过工程实际应用的系统设备，并适应具体的环境条件；信号系统应符合国内外轨道交通信号技术的发展方向，具有较高的性能价格比和国产化率。

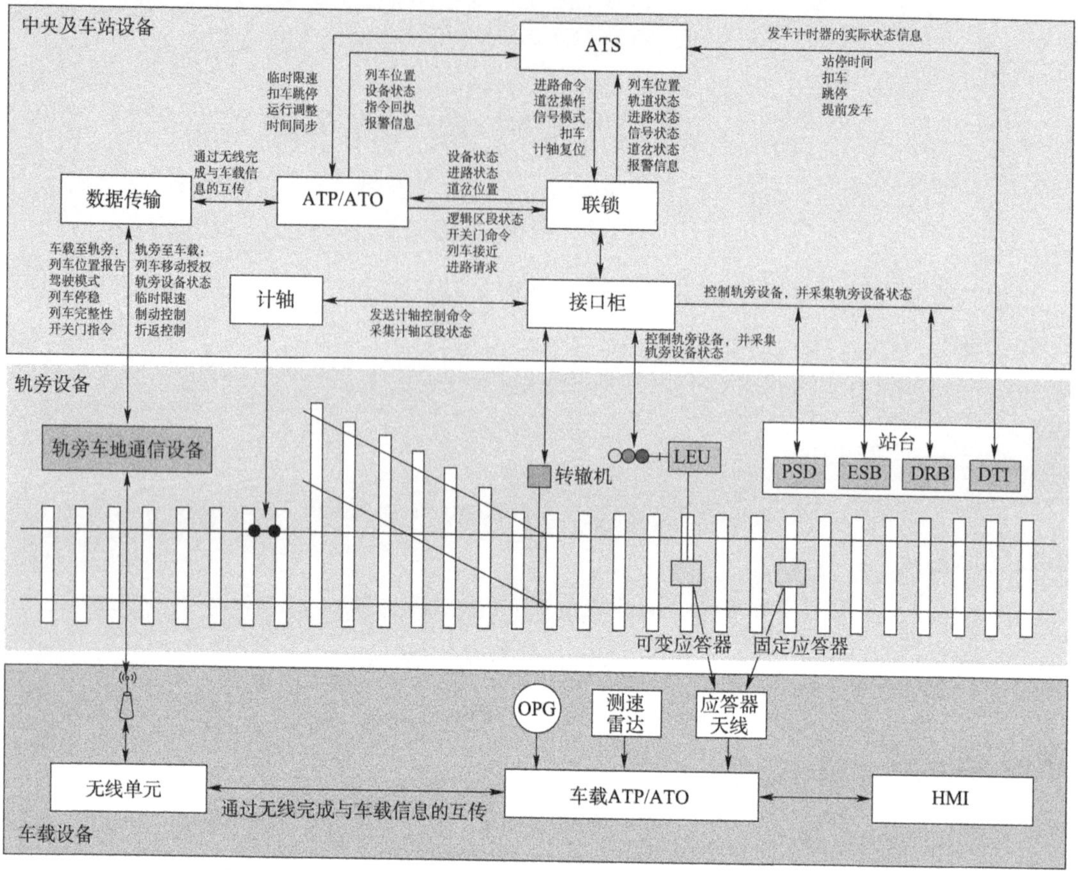

图 1-1　ATC 系统功能示意图

(2)信号系统应采用计算机技术、网络技术、数据传输技术，设备配置标准化和模块化，设备结构紧凑，便于安装、维护和系统功能的扩展及控制范围的延伸。

(3)信号系统应满足与其他系统的接口条件，并应直接接入线网指挥平台。

(4)信号系统应预留线路延长的容量和接口要求，中央级信号设备应预留足够的控制容量，线路两端的车站应预留延长接入的条件。

(5)信号系统设备应按 24h 不间断运行设计。

(6)信号系统应满足与通信系统、综合监控系统、站台门、低压配电、土建、轨道等其他专业接口的要求。

(7)信号系统应满足正线列车自动运行速度的要求，满足快慢车、系统能力的要求。折返站的折返能力及车辆段/停车场的出入段场能力应与正线行车间隔相适应并留有一定的余量。

(8)信号系统应具有很高的安全性、可靠性和可用性，能保证连续不间断的工作，凡涉及行车安全的设备必须符合故障—安全原则，采用的安全系统、设备应经过安全认证。其安全性指标须满足 SIL (Safety Integrity Level，安全完整性等级) 4 级的要求。主要行车指挥设备的计算机系统，应采用冗余设计；联锁、列控系统等安全设备的计算机系统，应采用“三取二”或“二乘二取二”的安全冗余结构。

（9）正线区段（包括折返线、车辆段出入段线、停车场出入场线等）按双线双方向运行设计。正常情况下，正方向运行，ATO 精确停车、ATS 发车计时、运营调整按照正方向设置；特殊情况下，可组织反方向运行。反方向运行时至少要求具备超速防护功能。

（10）正常运营时，正线列车以车载信号为主体信号；列控系统故障列车以及地面列控系统故障情况下，以地面信号显示作为行车凭证。

（11）信号系统平时采用中央级自动控制，必要时中央调度员可实现人工控制，中央级设备或通信信道故障以及其他运营需要时可转为车站自动控制或车站人工控制，其控制等级应遵循车站人工控制优先于控制中心人工控制，控制中心人工控制优先于控制中心的自动控制或车站自动控制的原则。

（12）信号系统应采用区域控制方式，控制范围和设备集中站的设置应综合考虑 ATS、ATP、ATO、CI 子系统设备的控制要求以及车站配线、故障影响范围等因素，并兼顾系统运营维护的便利性和系统接口的有利性。

（13）ATC 系统监控和管理的列车数量，应按预留远期规模的最小追踪间隔能力所需列车数量设计，并留有不小于 30% 的余量。

（14）信号系统设计应最大限度地提高信号系统的自动化程度，提高信号系统的可用性，为行车、维修人员提供良好的培训条件。同时，信号系统应有完整的模拟培训系统。

（15）信号系统需具备完善的维护监测系统，可对在线运行的信号系统设备的健康状态进行维护管理和支持，在维修中心完成对列车运行的监视和整个信号系统所有设备的集中报警，实现信号设备的状态修。

（16）为降低信号设备故障对运营的影响程度，信号系统应配置必要的降级运行模式。在 ATC 系统故障时，系统采用降级运行模式保证行车安全和一定的行车效率。

（17）信号系统的供电为交流 TN-S 三相四线制，380/220V 50Hz，一级负荷，两路独立电源。在控制中心、车站、车辆段/停车场、试车线配备不间断电源（UPS），信号设备电池的后备时间为 30min。

（18）信号系统应满足国家及省、市对信息系统安全等级保护的相关标准和规定，信号系统应用的无线传输技术必须具备保障通信的安全性，防范非法侵入，具备网络加密、识别和防火墙等安全防护功能，满足 IPSec（Internet Protocol Security）安全标准要求。完整信号系统的信息网络应满足国家关于信息安全等级保护制度三级的要求。

（19）信号系统信息传输应保持相对的独立性和透明性，安全信息和非安全信息间的传输不得影响安全信息传输的有效性和实时性，并应采取有效隔离措施。系统网络必须保证信息传输速率和信息传输质量，并应采取冗余等措施提高信号系统的抗干扰能力。

（20）信号系统设备应具有良好的电磁兼容性。在列车、牵引供电（交流25kV供电制式）所产生的电磁干扰条件下，信号系统应能安全可靠地正常工作。车地通信应采取数据传输循环冗余校验（CRC）、传输频率远离干扰谐波频率、提高数据信噪比、周期性更新传输数据、接收数据进行合理性和一致性检查等措施，以提高信号系统的抗干扰能力。

（21）信号系统设备应能实现同类线路间互联互通的要求。

（22）用于地下段的室内外电缆，应采用低烟无卤阻燃型防腐蚀、防鼠、虫、蚁咬电缆；地面线路的电缆，还应采取相应的防护措施，以避免光辐射造成护套老化。

（23）地面线的室外信号系统设备及与隧道以外连接的室内信号系统设备应具有雷电防护措施；控制中心、车站、车辆段/停车场的信号系统地线接入各系统共用的综合接地系统，该综合接地系统的接地电阻不大于1Ω。室外信号设备的金属箱、盒壳体应接地，车载信号设备的地线应经车辆接地装置接地。

（24）信号系统的车载设备严禁超出车辆限界，信号系统的地面设备严禁侵入设备限界。

（25）信号系统的设备和器材应满足线路列车自动运行速度的要求，且应满足对本线路长大区间内轨旁设备的控制要求。设置于站台区域的设备在满足运营要求的前提下，应尽量与车站的装修布置相协调，设置于地面的设备应与城市景观相协调。

3）系统指标

（1）停车精度指标

①站台设计停车窗为 ±0.5m；

②ATO 保证列车停在 ±0.3m 停车精度范围内的概率为99.95%；

③ATO 保证列车停在 ±0.5m 停车精度范围内的概率为99.9998%。

（2）可靠性

系统可靠性是指设备在规定的条件下、在规定的时间内完成规定功能的能力，其一般用设备的平均无故障时间表示。

（3）可用性

系统可用性是计划系统可运行时间与实际正常使用时间的比率。本线信号系统要求配置降级运行模式，完整信号系统的可用性指标要求不小于99.98%。

（4）可维护性

在正常的维护体制和维护能力下，对于车载设备和车站室内设备，从维护人员到达事故地点开始维护工作时起至故障排除的时间。

（5）安全性

信号系统中涉及行车安全的设备必须符合故障—安全原则，在系统设计、制造、测试和运营过程中必须采取安全性措施。 安全设备导向危险侧的概率小于 10^{-9}/h。

信号系统的主要响应指标包括：

①现场信息及采集处理周期应小于 2s；

②实时控制、各工作站及显示终端等的操作响应时间应不大于 1s；

③列车占用与空闲检测的应变时间应不大于 5s；

④车载信号设备自接收地面信息至完成处理的时间应不大于 2s；

⑤计算机联锁设备的处理周期应不大于 1s。

1.1 列车自动监控系统

ATS 由控制中心和车站设备组成，主要设备均采用双机热备方式，当主机出现故障时，可以自动切换至备机，保障系统的可靠运行。 ATS 功能示意图如图 1-2 所示。

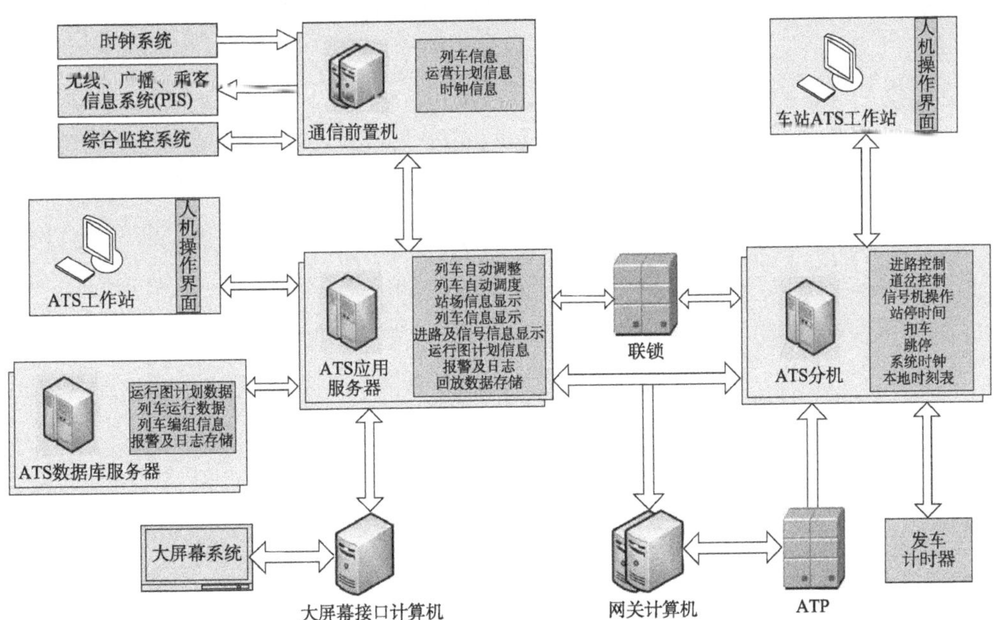

图 1-2　ATS 功能示意图

ATS是全线列车运行的监控、指挥系统，可实现进路的自动设置，按时刻表控制列车的运行，以提高运营管理水平、服务水平，降低工作人员的劳动强度。

1.1.1 列车自动识别、跟踪、车次号显示

ATS可根据当日计划运行时刻表确定的车次号以及列车与地面的双向通信功能、列车在线运行的位置、进路状态等信息实现全线的列车自动追踪运行，并显示车次及列车进入、驶出管辖区。

在控制中心采用列车识别号的移动和有关信号设备的状态变化，来自动模拟和描述监控范围内列车的实际运行情况。

列车识别号必须反映列车的种类和列车的其他相关信息（运行号、目的地号、车体号等）。列车识别号可由中央自动生成或由调度员人工设定、修改，也可由司机一次性输入至车载设备，并经车地通信系统通知ATS。

ATS可显示全线运行的列车的位置、识别号，并自动完成在ATS用户界面上的自动跟踪、保持纪录及列车时刻表和其他相关的数据。不同的列车长度可以按比例或是按数据库中标准的长度图标显示。

当列车从车辆段出发占用转换轨时开始跟踪，至终到站或返回车辆段离开转换轨跟踪结束。在列车识别号因故丢失的情况下，计算机可根据运行图、列车位置及时间自动推算并自动设置列车识别号，或设置缺省列车识别号。

1.1.2 运行图、时刻表的编制和管理

通过运行时刻表编辑工作站完成对列车基本运行图的编制。

输入基本数据，包括各区间运行时间、车站停站时间、运行间隔、起始和终到站、时间段等信息，由计算机辅助自动编制基本列车时刻表和运行图。运行图编制过程中应能自动进行冲突检查，并给出明确提示。

基本运行图编制完成后，按不同种类（包括平日、节假日、特殊情况等）存入数据库，以根据情况随时调用。

存入数据库的基本运行图可以按不同的格式导出使用。

在工作站上，能将当时的实施运行图、实迹运行图用不同颜色在一个画面进行比较。

每日运行完的实迹图应存入数据库保存，或存入磁带、磁盘、光盘长期保存。

1.1.3　进路控制

ATS 允许在列车的位置报告和列车服务信息的基础上，按预先确定的排列进路原则进行自动排列进路或由 ATS 使用者（调度员）人工排列进路。

自动进路控制可分为 ATS 中央自动进路控制和 ATS 车站自动进路控制。人工进路控制可分为调度员进路控制和车站值班员进路控制。

自动列车进路只有在列车到达某一特定地点“运行触发点”时才被启动，通过车次号中目的地编码来确定列车进路，检查进路的可用性，然后再输出命令，并对联锁系统返回的信息进行确认。

列车进路必须显示在 ATS 用户界面。

在越行站，联锁系统将根据 ATS 的指令排列相应的进路，并对相应的进路提供联锁防护（含保护区段防护）。

1.1.4　列车运行自动调整

ATS 可对照时刻表、行车间隔，自动监测和调整正线区域的列车运行情况。

当列车的实际运行与计划运行图发生偏差时将自动发出偏差报警，并根据列车实际的偏离情况，自动生成调整计划供调度员参考。当偏差在一定范围内时，系统能够自动调整列车运行计划并控制列车运行至正点状态。当偏差超出一定范围而系统发出报警或调度员认为有必要对计划运行图/时刻表进行修改时，调度员可人工介入调整列车运行计划。系统将自动执行调整计划并控制列车运行。

自动调整方式有：

（1）自动调整列车区间走行时间；

（2）自动调整列车停站时分，控制列车出发时刻。

调度员人工调整方式有：

（1）改变列车在区间的走行时分；

（2）对计划运行图进行在线修改，包括对单个或所有列车“时间平移”，增加或取消列车，改变列车的始发点及始发时间，调整列车的出、入段时间等。

1.1.5　停站功能

1）在下一站停车

ATS 可以控制一列车在下一站停车，即使这个车被时刻表定义为跳停那个车站。

系统在司机及调度员的显示器上指示列车的停站信息。ATO 模式下，列车可自动地在下一站停车。

2）车站扣车

ATS 可以在车站扣留列车（及取消扣车），并能禁止列车自动开门。系统在司机和调度员的显示器上指示列车的扣留信息，防止 ATO 和 ATP 模式下列车自动离站。

3）跳站停车

ATS 可以控制装备列车通过一个或一组车站而不停靠。系统在司机和调度员的显示设器上指示列车的跳站信息。ATO 模式下，列车可以自动地跳过指定的车站。

1.1.6 列车运行限制

1）中途停车

ATS 可以使一列装备列车立即停车，并通过显示器提醒司机和调度员注意。

2）临时限速

ATS 可在监控范围内的任一个轨道区段强制实施或撤销临时限速，并修改列车的 ATP 防护速度曲线。

3）道岔/轨道封闭

ATS 可单独封锁（及释放）一个道岔、一架信号机、一个进路入口或一个轨道区段，禁止列车获得越过被封锁的道岔或进入被封锁的进路、轨道区段的移动权限。

4）工作区设置

ATS 能建立（随后释放）临时的工作区来保护工作人员和作业列车。在接近和通过定义的工作区域时，系统可强制实施速度限制。工作区域信息被显示在司机和调度员的显示器上，ATO 模式可以不支持通过工作区域的操作。

1.1.7 发车指示

在列车运行正方向的站台端部，设置发车指示器，倒计时显示发车时间。

1.1.8 列车运行监视

ATS 可根据车站 ATS 设备采集的信息，在控制中心大屏幕上动态显示全线线路、车站、折返线、道岔、信号机、进路以及在线列车运行的实际位置及各种状态；同时，还可显示车辆段的进/出段信号机状态。

在各调度台上，可根据操作员或调度员的操作给出所需的各种显示，包括各车站及车辆段的详细站场情况，所管辖范围内的各种设备状况，详细的报警信息、操作及控制指令，时刻表及列车调整的各种参数，各种统计报告，系统的运行状况和提示、告警。

1.1.9 系统设备监视

ATS可以对管辖范围内的信号设备进行监视。系统内的主要设备具有自检测及故障监视功能，一旦检测到故障信息，即送至控制中心主计算机，并在相关调度工作站或维修工作站给出报警。

ATS车站设备能够采集各站的信号ATP及联锁设备、ATO的主要工作状况，并能及时传至控制中心和车辆段内的维修中心。

ATS控制中心主要设备、车站设备构成均采用热备方式。当主机出现工作异常时，可自动切换至备机，保证系统继续运行。

1.1.10 操作与数据记录、输出及统计处理

系统可自动进行运行统计，包括列车报告、车站报告、车次号报告以及各种运行指标等；具有自行制表功能，工作人员可对运行资料库进行访问，根据需求自行制表。

所有的动态操作和有关行车运营及设备运行的数据均以适当的格式得以统计和记录。所有报告均可根据要求进行显示和打印。

1.1.11 与其他系统交换信息

ATS可在控制中心与通信时钟系统、通信无线传输系统、综合监控系统等接口，提供或接收各系统联动或提高运营安全效率所需的信息。

1.1.12 节能运行

ATS可自动调整列车运行状态，实现节能控制。

1.1.13 系统的模拟和调度人员培训

在培训/模拟服务器上，配备有各种系统编辑、装配、连接和系统构成工具，以及

列车运行的仿真软件。培训/模拟工作站可以与中心调度员台一样，具有同样的显示内容和相同的控制功能，并能实迹仿真列车的在线运行，但不参与实际的列车控制。

1.2 列车自动运行系统

ATO 系统是自动控制列车运行的设备，由车载设备和地面设备组成，在 ATP 系统的安全防护下，根据 ATS 的指令实施列车的自动运行，确保达到设计间隔及旅行速度。ATO 和 ATP 系统的功能示意图如图 1-3 所示。

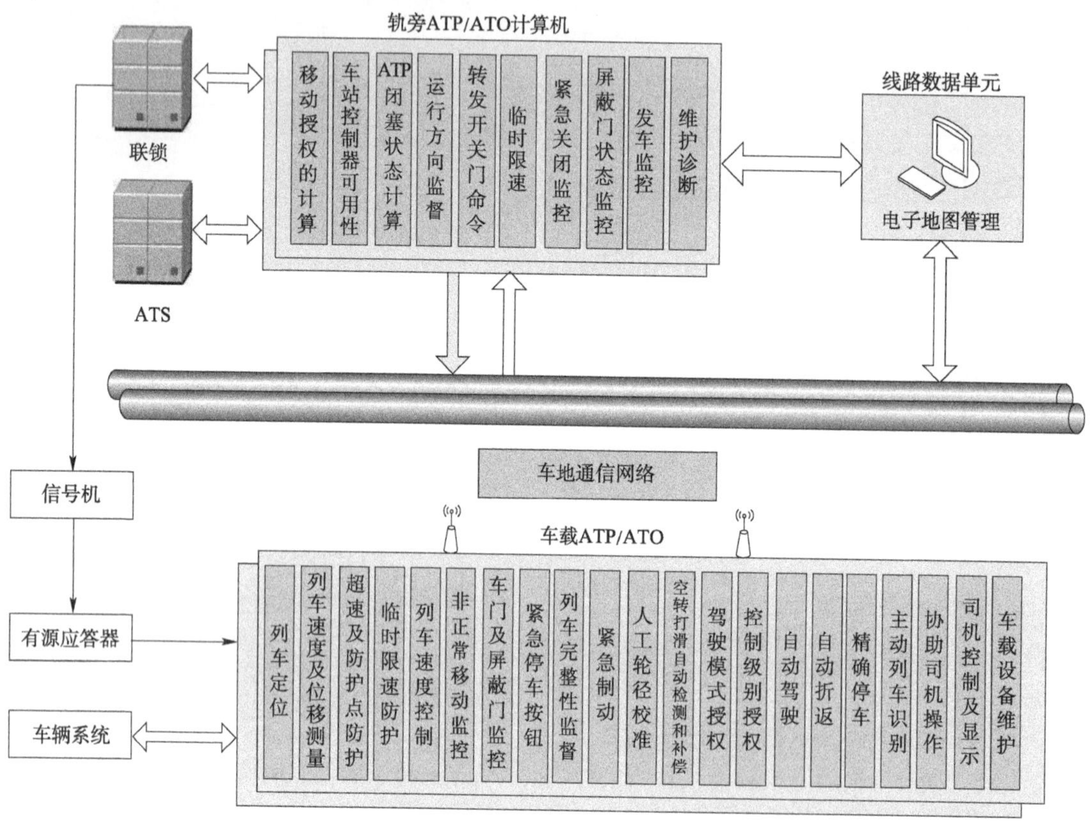

图 1-3 ATP/ATO 系统功能示意图

1.2.1 站间自动运行

列车的启动、停止和速度调节必须按司机指令或 ATS 的输入，由 ATO 系统控制执行。ATO 系统是在 ATP 的保护曲线下制定列车的运行曲线，实现对列车运行状态的合理控制，自动完成对列车的启动、加速、惰行、巡航及制动等，控制列车的运行速度，对牵引及制动进行控制以满足乘客对舒适度的要求。

1.2.2 车站精确停车

ATO 车载设备根据 ATP 的保护曲线，在满足列车运行间隔要求的前提下，合理制定列车在车站内运行的 ATO 曲线，保证停车精度。

采用地面应答器、环线或其他措施实现列车车站定点停车。ATO 状态下的停车精度为 ±0.3m，ATP 状态下的停车精度为 ±0.5m，当列车停车精度误差大于 ±0.5m 时，不允许开车门。

1.2.3 自动折返控制

ATO 可实现列车自动驾驶折返和无人自动折返控制。

1.2.4 车门和站台门的控制

根据停车站台的位置及停车精度对车门和站台门进行监控，可人工或自动开启、关闭车门和站台门。

能够实现点式降级模式下的车门与站台门的联动功能。

1.2.5 列车运行自动调整和列车节能运行控制

根据 ATS 指令选择最佳运行工况，确保列车按运行图运行，实现列车运行的自动调整和节能控制。

1.3 列车自动防护系统

ATP 系统是保证列车运行安全、提高运输效率的重要设备，由车载设备和地面设备组成；联锁设备是保证列车运行安全，实现轨道区段、道岔、信号机之间正确联锁关系的基础设备，ATP 系统与联锁设备相互作用，共同构成 ATC 系统的安全相关子系统；该系统必须符合故障—安全原则，并具有自检和自诊断能力。

ATP 系统的主要功能是监督及控制列车安全地运行，并具备以下功能：

1.3.1 列车定位、测速

在 CBTC（基于通信的列车自动控制）信号系统中，列车通过转速计、多普勒雷达、加速度计设备，由车载设备自身计算运行速度和位置坐标，并通过轨旁应答器或环线交叉点进行定位误差校准；通过轨旁自由无线、波导管、漏泄电缆等车地通信设备和数据传输网，列车向轨旁 ATC 设备连续报告列车位置。列车定位和测速功能可提供足够的分辨率和精确度，以满足安全行车的需要。

列车在进入 ATC 控制区域时或 ATC 设备故障修复后，系统能进行列车定位功能的初始化，自动确定列车位置，而不需要人工输入列车位置和列车长度。

系统具有定位和测速误差的补偿功能。特别是当车载设备依据车轮的转动来进行定位与测速时，系统能自动纠正由于车轮空转、打滑或是轮径磨耗、修理或更换所引起的误差。

CBTC 降级运行模式下还须配备计轴设备作为列车占用/空闲状态的备用检测设备。对列车位置的检测，保证了系统在降级运行模式下对列车和列车进路的安全控制，并且可支持装备列车和非装备列车的混合运营。

1.3.2 确定列车的移动授权，实现列车间隔控制

ATP 系统可保证前行与后续列车之间的安全间隔，满足正向行车时的设计行车间隔和折返间隔。在 CBTC 模式下对反向运行列车也能进行 ATP 防护。

无论列车是否安装了车载 ATP/ATO 设备，轨旁 ATP 系统都必须保证在其区段运行的列车间的安全间隔。

ATP 地面设备可通过车地双向通信设备向列车发送必要的限制速度、距离、前方列车占用状况、线路条件、区段车次号、进路状况、信号封锁等信息，以供车载 ATP 系统计算确定列车运行的安全保护曲线，保护列车在安全保护曲线下运行。

对于装备列车和非装备列车混合运营，或者车地通信设备故障、系统运行于降级运行模式时，通过辅助区段空闲检查设备获得列车的位置，后续列车禁止进入前行列车占用的轨道区段，或者禁止进入前行列车占用的进路，保障列车运行间隔。

ATP 防护速度曲线受安全制动模型控制，而且能确保在任何情况下都不超越车载设备规定的移动权限。移动权限受以下条件限制：

（1）前行的装备列车车尾的位置；

（2）被非装备列车或是车载设备故障的列车所占用的轨道区段的边界；

（3）轨道的末端；

（4）一个进路没有被证实已排列和锁闭的联锁的入口；

（5）已建立了反向运行的轨道区段的边界；

（6）闭塞区段的边界；

（7）一个确定的非安全的进路入口。

1.3.3　列车超速防护和制动保障

在 ATP 安全制动模型约束下，建立、监测和执行 ATP 防护速度曲线时，系统可在任何情况，包括故障情况下，确保列车的实际运行速度不超过它的安全速度。这个安全速度是基于以下几个因素最严格的限制得到的：

（1）ATP 防护速度曲线下永久的轨道区段限速；

（2）ATP 防护速度曲线下任何临时的轨道区段限速；

（3）适用于特定类型或配置的列车的固定限速；

（4）车载设备故障情况下强制实施的任何速度限制。

列车的最高速度是由移动权限预先设定的列车安全到达停车点，或是进入永久或临时限速区段之前，能保证列车安全停车的最高速度。

比较列车实际速度和由 ATP 根据列车位置所确定的防护速度曲线上的速度，当列车实际速度超过了同一位置 ATP 防护速度曲线上的速度时，系统必须马上采用制动措施。

制动措施可能是紧急制动或是受到监控的常规制动。对于后一种情况，系统必须监测这个制动加速度，保证这个制动加速度在预计时间内是接受的，否则立刻实施紧急制动。这个安全制动模型必须包括与制动保证功能相关的反应时间并留有适当余量。

系统的安全制动模型至少应考虑以下内容：

（1）前行列车可能的位置（包括其可能后退的距离）。

（2）后行列车可能的位置。

（3）列车长度。

（4）系统允许的超速限制。

（5）最大的测速误差。

（6）系统的响应时间及时延。

（7）系统监测到超速时最大的列车加速度。

（8）在最不利情况下，从监测到超速，到采用切断牵引系统和紧急制动的反应时间。

（9）在最不利情况下，系统紧急制动的最小加速度。

最不利情况包括最坏的环境条件、制动设备可能存在的损坏工况、最大的载客情况、最小的轨道附着力和最大的线路设计曲线等。

（10）线路坡度。

1.3.4 列车倒退保护和零速度检测

系统可监视实际列车的运行方向并将其与建立的运行方向相比较。列车监视到一个超过规定范围的倒退运行时，可立即启动紧急制动措施。

列车到达规定的停车位置停车后，可进行零速度检查。在零速度检查确定前，禁止打开或关闭常客车厢的车门。

1.3.5 轨道末端防护

轨道末端防护与超速防护联合作用来防止列车冲出轨道末端。如有车挡时，ATP 可按照零速度撞击车挡进行防护控制。

1.3.6 车门和站台门的安全监控

运行中的列车可连续检查列车车门的状态，在车门因故开启时立即进行紧急制动。

在车站实现对站台门的安全联动控制。在打开车门前，应确保满足下列条件：

（1）列车位于指定的停车点上，并在规定的误差范围内；

（2）这个指定的停车点上列车一侧的车门是被允许打开的；

（3）零速度被检测到；

（4）列车在制动状态。

ATP 系统向列车发送开车门以及向站台门控制系统发送开站台门的允许命令，车门和站台门关闭后，才允许启动列车。ATP 系统允许列车在站台开门的停车精度为 ±0.5m，当列车停车超出停车精度时，ATP 将实施保护，不允许开车门和站台门，这时允许列车前进或后退，但后退速度、后退次数及最大后退距离都受到严格控制。对于反向运行的列车，车门和站台门的监督和控制完全由司机负责，司机通过按压司机台和站台上的有关按钮，可控制车门和站台门的开、关。

在车门和站台门因故不能关闭时或接口电路出现故障时，信号 ATP 和站台门可采用互锁解除方式。

1.3.7 站台紧急停车功能

在每个车站的车控室、站台设紧急停车按钮。当按下紧急停车按钮时，即将进入车站的列车和正在离开的列车可立即紧急制动。如有地面信号机，还应关闭相应区段信号。

1.3.8　计算机联锁设备功能

为了确保正线区域内行车、折返、出入段及转线等作业的安全，工程全线均应纳入联锁区段。计算机联锁设备功能示意图如图1-4所示。

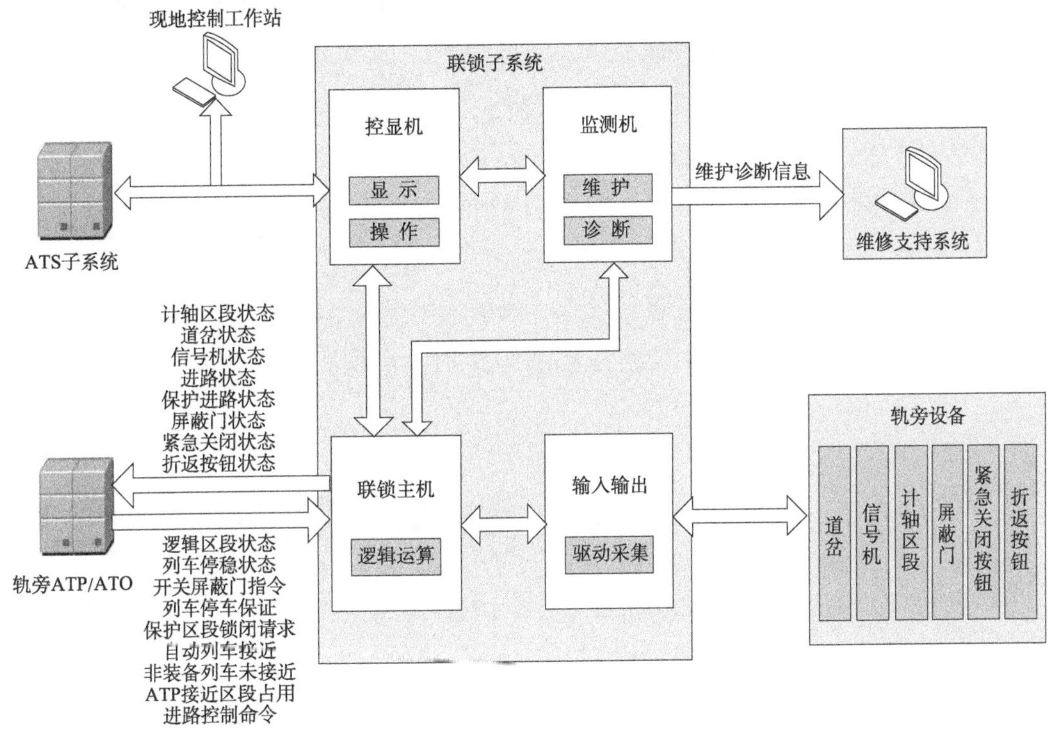

图1-4　计算机联锁设备功能示意图

计算机联锁系统是实现道岔、信号机、轨道区段间的正确联锁关系及进路控制的安全设备，与ATP系统相结合，共同完成列车运行的安全防护。联锁设备的主要功能为：

（1）按正确的联锁关系设定、解锁列车进路，有一定的自动排列进路的功能。

（2）根据不同的情况，具有进路接近锁闭、立即解锁、延时解锁的功能。

（3）联锁设备与ATP系统相结合，在合适的进路没有建立和锁闭前，不能建立移动授权；一旦建立了通过一个联锁区域的移动授权，那么相关的进路不能被解锁，冲突的进路不能被建立，除非列车通过且被证实已出清了这个联锁区域，或是移动授权已经被缩短到该联锁区域的外方。

（4）联锁设备与ATP系统相结合，当通过一个联锁区域的移动权限发布后，联锁区域内的道岔失去表示，系统必须缩短进入该联锁区域的移动权限，使移动权限不超越失去表示的道岔。如果此时列车与道岔之间的距离在安全制动距离以内，则系统将立即启动制动装置。

（5）能在设备集中站的联锁控制工作站对设备集中站控制范围内的道岔实行单独操纵、单独锁闭及对列车开放引导信号，还能对道岔、信号机、轨道区段等信号控制元素实施封锁。

（6）在系统进入降级运行模式时，通过计轴等辅助列车占用检查设备，与 ATP 系统结合，实现联锁站间闭塞功能。

（7）当 CBTC 模式下列车定位功能故障时，通过计轴等辅助列车占用检查设备，可实现对故障列车占用区段的保护。

（8）车站联锁设备与 ATS 结合，实现联锁和 ATS 两级控制，根据运营要求实现自动和人工控制两种模式办理进路。

（9）与车辆段/停车场联锁系统接口，保证列车出入车辆段/停车场作业的安全。

（10）与有联络线的其他线路信号系统接口，实现列车进出其他线路作业的安全。

1.4 车辆段/停车场联锁系统

车辆段/停车场联锁设备完成列车出入车辆段/停车场的列车进路控制和车辆段/停车场内调车作业，保证车辆段/停车场内列车作业的安全。

车辆段/停车场联锁设备不受 ATS 的控制，仅向 ATS 提供车辆段/停车场内进路状态、信号机状态、道岔状态、轨道电路状态以及必要的报警信息。

车辆段/停车场值班员办理列车、调车进路，车辆段/停车场联锁设备控制车辆段内的道岔和信号机，实现进路的建立、进路锁闭、开放信号、进路解锁、故障解锁等基本联锁功能。

车辆段/停车场联锁设备由相对于正线独立的计算机联锁和微机监测设备构成，其主要功能为：

（1）实现列车出入车辆段/停车场作业和车辆段/停车场内调车作业进路控制；

（2）实现车辆段/停车场信号机、道岔、轨道电路间的正常联锁功能；

（3）与正线联锁设备接口，实现列车出入车辆段的安全控制；

（4）基础信号设备如信号机、道岔、轨道电路、电源的状态监测报警功能；

（5）系统自诊断功能；

（6）建立所有信号设备的健康状态档案；

（7）对各设备的维护统计和分析，辅助设备的维护管理等功能。

1.5 试　车　线

当需要对列车车载信号系统进行动态试验时，经试车线控制室请求，车辆段联锁设备在对试车线完成必要的联锁控制后将其控制权交由试车线控制室控制。试车完毕后，信号楼控制室重新收回对试车线的控制权。

在车载设备维修、更换或必要时，可通过试车工作站或操作盘，在试车线上对车载设备进行测试和试验。测试和试验的主要内容应至少包括：

（1）各种驾驶模式测试；

（2）各种折返模式测试；

（3）各类系统性能参数测试；

（4）车载显示测试；

（5）报警、登录和诊断测试；

（6）与其他系统的接口测试；

（7）制动测试；

（8）站台门的开启和关闭测试。

正线轨旁系统在不增加额外设备的情况下，应满足试车线高速试车功能。

1.6 培 训 系 统

信号培训系统主要用于对信号维护人员进行 ATC 系统功能和原理的培训，维护人员应掌握 ATC 设备的工作原理、设备性能、故障识别和处理方法，保证轨道交通系统的正常运营。

维修人员通过对实物操作、实际故障设置及排除，正确使用测量工具，掌握基本维修操作技能和预防措施，能够识别、分析并排除每项故障，更换硬件模块等。

原则上，培训设备应能至少体现正线区段内一个集中联锁区室内和轨旁设备工作状态及一个 ATP/ATO 车载设备的工作状态。

培训系统的主要功能应包括：

（1）全部联锁设备的模拟培训（包括计轴、应答器）功能；

（2）车地通信子系统的模拟培训功能；

（3）ATP/ATO 地面设备模拟培训功能；

（4）ATP/ATO 车载设备模拟培训功能。

1.7 维护监测系统

为方便信号系统的维护，提高信号系统的可用性和可维护性，信号维护监测系统设备包括维修中心设备、集中站和车辆段/停车场计算机监测设备、各维修工作站及维修网络等，利用计算机、网络和通信技术，完成对信号系统设备状态的集中监视和报警，实时监测信号设备的使用情况，定位故障地点，分析故障原因，统计故障时间，为实现信号系统设备“状态修”创造条件。

维护监测系统的主要功能有：

（1）ATS、CI、轨旁及车载 ATP/ATO、DCS❶ 设备的状态监测、故障报警，报警定位到板卡级。

（2）基础信号设备的状态监测报警、预警功能，主要包括：

①外电网电压、电流、功率、频率、相位监测；

②电源屏电压、电流、功率、频率、相位监测、漏流检测；

③UPS 输入及输出三相相电压、电流、频率，电池电压、温度；

④计轴状态监测，故障定位到室内外板卡、室外磁头；

⑤道岔表示、缺口、密贴、启动电流及功率曲线；

⑥信号机点灯电流等状态监测，故障报警定位到灯位；

⑦电缆对地绝缘。

（3）信号系统设备的监测报警信息的处理功能。

（4）所有信号设备的状态档案数据的存储与管理功能。

（5）车辆设备状态监测及维护管理功能。

（6）对各设备的维护统计和分析，辅助设备的维护管理等功能。

（7）系统配置功能。

（8）维护数据的存储、回放和统计分析功能。

信号系统设备应具有自诊断及监测报警功能，并能定位故障。当设备发生故障时，除在相应的终端上显示监测和报警信息外，信号系统设备还应将报警信息传至维护监测子系统。工作站上显示的报警信息按其对整个运营系统的影响分为 A、B、C

❶ DCS(Distributed Control System)，分布式控制系统。

三类：

A 类：直接对列车运行及设备产生直接危害的报警。

B 类：将对系统运营发生影响的报警。

C 类：一般报警信息。

报警发生时应有明确显示，并记录故障和事件发生的地点、时间、内容等。需要及时处理或要求确认的报警信息附有声光信号。报警可根据其严重性及确认和处理的状态显示为不同的颜色，并给出提示信息。

可通过选择打印报警信息类别，实现报警信息在事件打印机上的实时打印输出。

第2章　信号系统工程量计算原则

城市轨道交通工程信号系统按设备所在位置，可分为中央级（控制中心）信号系统、正线及轨旁信号系统、车辆段/停车场信号系统、试车线信号系统、车载信号系统、培训中心信号系统、维修中心信号系统等。

控制中心 ATS 中央行车指挥设备通过以太网与车站 ATS 设备连接，车站与轨旁设备通过骨干网技术或总线技术相互连接，轨旁设备与车载设备通过车地双向通信设备交换信息，各子系统相互配合，实现地面控制与车上控制相结合、中央控制与地面控制相结合，从而构成一个以安全设备为基础，集行车指挥、运行自动调整以及列车自动驾驶等功能为一体的列车自动控制系统。

2.1 中央级(控制中心)信号系统

中央级（控制中心）信号系统设备主要包括：

（1）设置在中央控制室的行调工作站、值班主任调度工作站、中央联锁工作站以及黑白和彩色激光打印机等。 工作站一般采用液晶显示器，调度员工作站采用多屏配置。

（2）设置在信号设备及电源室的 ATS 应用服务器、数据库服务器、前端处理机（FEP）、网络交换机、维护工作站、网络管理工作站、大屏接口计算机、UPS 设备、蓄电池、智能电源屏等。

（3）设置在运行图编辑室的运行图编辑工作站和运行图编辑打印机。

（4）设置在培训室的培训服务器、教员工作站、学员工作站和打印机，回放列车在线运行及各种异常情况，以及供参观演示和平时调度人员的培训等。

中央级（控制中心）信号系统工程量计算原则见表2-1。

中央级(控制中心)信号系统工程量计算原则　　表2-1

序　号	设备名称	单　位	工程量计算原则
1	应用服务器	套	一般均为2套
2	数据库服务器	套	一般均为2套

续上表

序 号	设备名称	单 位	工程量计算原则
3	前端处理器	套	一般均为2套
4	中央网络节点	套	一般均为2套
5	通信交换机	套	一般均为2套
6	网络管理交换机	套	一般均为1套
7	网关计算机	套	一般均为2套
8	ATS 培训服务器	套	一般均为1套
9	ATS 培训模拟器	套	一般均为1套
10	磁盘阵列	套	一般均为1套
11	网络管理服务器	套	一般均为1套
12	时刻表编辑工作站	套	一般均为1套
13	车地无线通信(LTE)核心网设备	套	一般均为2套
14	车地无线通信(LTE)核心网机柜	套	一般均为1套
15	大屏接口计算机	套	一般均为2套
16	电源防雷箱	套	一般均为1套
17	智能综合电源屏	套	一般均为2套
18	UPS 设备	套	一般均为2套
19	稳压器	套	一般均为1套
20	蓄电池	套	一般均为2套
21	蓄电池柜	套	一般均为2套
22	工作台椅	套	一般均为1套

注：表中仅列出主要设备情况，其余设备、材料工程量根据设计文件计算。

2.2 正线及轨旁信号系统

正线及轨旁信号系统设备包括：

（1）设置在正线设备集中站的信号设备及电源室的正线联锁设备、区域控制器机柜、计轴室内机柜、地面电子单元（LEU）设备、接口柜、继电器柜、防雷分线柜、数据通信网交换机或多路复用器、无线通信室内机柜、维护工作站、智能电源屏、UPS设备及蓄电池等。

（2）设置在正线非设备集中站的信号设备及电源室的防雷分线柜、接口设备、数据通信网交换机或多路复用器、智能电源屏、UPS 设备及蓄电池等。

（3）设置在正线车站控制室的 ATS 车站级工作站、联锁现地控制工作站（仅设备集中站），设备集中站ATS车站级工作站可与联锁现地控制工作站合设，但要求冗余配置；在由综合监控专业提供的综合后备盘上设置“扣车/取消扣车”“紧急停车/取消紧停”等按钮及其相应表示灯，用于在车站值班员认为必要的情况下，通过按压综合后备盘上的有关按钮，对停于本车站股道上的列车实施“扣车”/“取消扣车”操作，同时在该盘上还可进行“紧急停车/紧急停车恢复”的操作。

正线及轨旁信号系统工程量计算原则见表2-2。

正线及轨旁信号系统工程量计算原则　　表2-2

序　号	设备名称	单　位	工程量计算原则
1	ATP/ATO运算处理单元	套	联锁站数量×1
2	ATP/ATO机柜	套	联锁站数量×1
3	轨旁数据库服务器	套	联锁站数量×1
4	服务器机柜	套	联锁站数量×1
5	车站网络节点	套	车站数量×1
6	网络交换机	套	车站数量×8
7	网络机柜	套	车站数量×1
8	接口柜(站台门接口设备)	套	站台数量×1
9	防雷分线柜	套	车站数量×2
10	计算机联锁系统	套	联锁站数量×1
11	联锁控制工作站	套	联锁站数量×1
12	联锁机柜	套	联锁站数量×1
13	计轴主机	套	联锁站数量×1
14	计轴电子盒	套	约200m/个
15	计轴磁头	套	约200m/个
16	计轴复位盘	套	联锁站数量×1
17	计轴机柜	套	联锁站数量×1
18	道岔缺口检查主机	套	联锁站数量×1
19	缺口检查机柜	套	联锁站数量×1
20	车站ATS分机	套	联锁站数量×1
21	车站ATS工作站	套	联锁站数量×1
22	车站ATS打印机	套	联锁站数量×1
23	车站ATS机柜(接口箱)	套	联锁站数量×1
24	三相交流电动转辙机	套	转辙机牵引点数量×1
25	转辙机安装装置(含安装图,2个牵引点)	套	转辙机数量×1
26	转辙机安装装置(含安装图,4个牵引点)	套	转辙机数量×1

续上表

序　号	设备名称	单　位	工程量计算原则
27	道岔外锁闭装置(2个牵引点)	组	转辙机数量×1
28	道岔外锁闭装置(4个牵引点)	套	转辙机数量×1
29	LTE车站设备(BBU)	套	车站数量×2
30	LTE车站级机柜	套	车站数量×1
31	LTE轨旁设备(RRU)	套	约200m/个
32	LTE合路器	套	约100m/个
33	LTE轨旁设备箱	套	约200m/个
34	LTE轨旁设备支架	套	约200m/个
35	正线维护监测设备(含室内外设备)	套	联锁站数量×1
36	维护监测机柜	套	联锁站数量×1
37	维护工作站	套	联锁站数量×1
38	维护打印机	套	联锁站数量×1
39	智能综合电源屏	套	车站数量×1
40	UPS设备	套	车站数量×2
41	稳压器	套	车站数量×1
42	蓄电池	套	车站数量×2
43	蓄电池柜	套	车站数量×1
44	灯丝报警主机及采集板	套	联锁站数量×1
45	各类报警装置	套	车站数量×1
46	电源防雷箱	套	车站数量×1
47	变压器BD1-7	套	车站数量×8
48	BDX型限时断相保护器	套	车站数量×8
49	阻容盒	套	车站数量×8
50	工作台椅及文件柜	套	车站数量×1
51	信号设备维修平台	套	约300m/个

注:表中仅列出主要设备情况,其余设备、材料工程量根据设计文件计算。

2.3 车辆段/停车场信号系统

车辆段/停车场信号系统设备包括ATS设备和计算机联锁设备。

ATS设备主要设置在信号控制室及派班室。信号控制室设置ATS工作站，通过ATS工作站可监视出入段线和正线部分的列车运行情况；在库内派班室内设置ATS显示工作站，用于辅助车辆调度人员安排用车计划和派班计划。

计算机联锁系统室内设备主要包括联锁机柜、微机监测机柜、微机监测工作站、接口柜、继电器柜、防雷分线柜等。

信号电源室设有智能电源屏、UPS 设备和蓄电池。

信号控制室设有计算机联锁控显终端设备，采用鼠标、键盘方式操作。

计算机联锁系统室外设备主要有信号机、道岔转辙机、计轴及电缆箱盒等。

车辆段/停车场信号系统工程量计算原则见表 2-3。

车辆段/停车场信号系统工程量计算原则

表 2-3

序　号	设 备 名 称	单　位	工程量计算原则
1	计算机联锁系统	套	一般均为 1 套
2	联锁机柜	套	一般均为 2 套
3	微机监测系统设备	套	一般均为 1 套
4	微机监测机柜	套	一般均为 2 套
5	维修工作站	套	一般均为 1 套
6	网络交换机	套	一般均为 2 套
7	车站网络节点	套	一般均为 1 套
8	网络机柜	套	一般均为 1 套
9	车站 ATS 工作站	套	一般均为 2 套
10	车站 ATS 机柜(接口箱)	套	一般均为 1 套
11	车辆派班工作站(含打印机)	套	一般均为 1 套
12	车站 ATS 打印机	套	一般均为 2 套
13	道岔缺口检查主机	套	一般均为 1 套
14	缺口检查机柜	套	一般均为 1 套
15	智能综合电源屏	套	一般均为 1 套
16	UPS 设备	套	一般均为 2 套
17	稳压器	套	一般均为 1 套
18	蓄电池	套	一般均为 2 套
19	蓄电池柜	套	一般均为 2 套
20	电源防雷箱	套	一般均为 1 套
21	LTE 车站设备(BBU)	套	一般均为 2 套
22	LTE 车站级机柜	套	一般均为 1 套
23	洗车库按钮盘	套	一般均为 1 套
24	电缆绝缘测试装置组合式	套	一般均为 1 套
25	工作台椅及文件柜	套	一般均为 1 套

注：表中仅列出主要设备情况，其余设备、材料工程量根据设计文件计算。

2.4 试车线信号系统

在试车线旁设置信号设备及电源室和试车控制室，装设与正线相同的一套集中站设备，包括 ATP、ATO 室内设备，轨旁设备以及相应的试验设备。

试车设备室包括 ATP/ATO 线路计算机设备、计轴室内设备、车地通信室内设备、继电器柜、防雷分线柜、与站台门接口的模拟计算机设备。

电源室包括电源屏、UPS 设备和蓄电池。

试车控制室包括试车线工作站和控制盘。

室外设备包括计轴室外设备、车地通信设备（含无线通信设备和点式通信设备）、信号机、信号箱盒等。

试车线信号系统工程量计算原则见表 2-4。

试车线信号系统工程量计算原则　　表 2-4

序　号	设备名称	单　位	工程量计算原则
1	试车线控制工作站	套	一般均为 1 套
2	试车线控制台	套	一般均为 1 套
3	ATP/ATO 运算处理单元	套	一般均为 1 套
4	ATP/ATO 机柜	套	一般均为 1 套
5	防雷分线柜	套	一般均为 1 套
6	试车线联锁单元	套	一般均为 1 套
7	计轴主机	套	一般均为 1 套
8	接口设备模拟器	套	一般均为 1 套
9	接口柜	套	一般均为 1 套
10	LTE 核心网设备	套	一般均为 1 套
11	LTE 车站设备(BBU)	套	一般均为 1 套
12	LTE 车站级机柜	套	一般均为 1 套
13	打印机	套	一般均为 1 套
14	UPS 设备	套	一般均为 2 套
15	稳压器	套	一般均为 1 套
16	蓄电池	套	一般均为 1 套
17	蓄电池柜	套	一般均为 2 套
18	综合电源屏	套	一般均为 1 套
19	组合排架报警器	套	一般均为 1 套
20	工作台椅及文件柜	套	一般均为 1 套

注:表中仅列出主要设备情况,其余设备、材料工程量根据设计文件计算。

2.5 车载信号系统

每列车配置的 ATP/ATO 计算单元及其外围设备采用冗余配置，切换时不能影响列车的正常运营。外围设备包括但不限于车载人机接口（HMI）、连续式通信天线、信标天线、测速传感器或测速雷达等。

车载信号系统工程量计算原则见表 2-5。

车载信号系统工程量计算原则

表 2-5

序　号	设备名称	单　位	工程量计算原则
1	ATP/ATO 车载计算机	套	配车数量×2
2	车载司机显示单元	套	配车数量×2
3	车载无线单元	套	配车数量×4
4	车载 ATP/ATO 无线天线	套	配车数量×2
5	车载交换机	套	配车数量×2
6	应答器天线	套	配车数量×2
7	车载传感设备	套	配车数量×2
8	加速度计	套	配车数量×2
9	多普勒雷达	套	配车数量×2
10	车载中继连接器	套	配车数量×2
11	安全型继电器(各型)	套	配车数量×2
12	车载控制器(VOBC)机柜	套	配车数量×2

注:表中仅列出主要设备情况,其余设备、材料工程量根据设计文件计算。

2.6 培训中心信号系统

信号系统在车辆段培训中心配置一套模拟培训设备，以满足信号维修人员学习、技能培训的需要。培训系统根据正线系统制式选型，本着经济、实用原则设置 ATC 室内外模拟培训设备。

信号系统在车辆段培训中心内配置一套能体现与正线联锁区内设备相同的现场培训设备，包括室外道岔、信号机和计轴等轨旁设备及室内 ATP/ATO 等设备。培训设备应能至少体现正线区段内一个集中联锁区主要设备的工作状态及一个 ATP/ATO 车载系统的工作状态，并使培训系统设备的工作状况最大限度地接近 ATC 系统实际工作状况。

培训中心信号系统工程量计算原则见表 2-6。

培训中心信号系统工程量计算原则　表 2-6

序　号	设备名称	单　位	工程量计算原则
1	ATP/ATO 运算处理单元	套	一般均为 1 套
2	ATP/ATO 机柜	套	一般均为 1 套
3	计算机联锁系统	套	一般均为 1 套
4	联锁控制工作站	套	一般均为 1 套
5	联锁机柜	套	一般均为 1 套
6	计轴主机	套	一般均为 1 套
7	计轴机柜	套	一般均为 1 套
8	综合电源屏	套	一般均为 1 套
9	UPS 设备	套	一般均为 2 套
10	稳压器	套	一般均为 1 套
11	蓄电池	套	一般均为 1 套
12	蓄电池柜	套	一般均为 1 套
13	电源防雷箱	套	一般均为 1 套
14	模拟服务器	套	一般均为 1 套
15	培训工作站	套	一般均为 2 套
16	车载设备仿真测试台	套	一般均为 1 套
17	LEU 单元	套	一般均为 2 套
18	灯丝报警主机及采集板	套	一般均为 1 套
19	道岔缺口检查主机	套	一般均为 1 套
20	车站 ATS 分机	套	一般均为 1 套
21	车站 ATS 工作站	套	一般均为 1 套
22	车站 ATS 机柜	套	一般均为 1 套
23	发车指示器	套	一般均为 2 套
24	紧急停车按钮箱	套	一般均为 2 套
25	无人自动折返按钮箱	套	一般均为 1 套
26	LTE 车站设备(BBU)	套	一般均为 1 套
27	LTE 车站级机柜	套	一般均为 1 套
28	LTE 轨旁设备(RRU)	套	一般均为 1 套

续上表

序　号	设备名称	单　位	工程量计算原则
29	LTE 合路器	套	一般均为 2 套
30	LTE 轨旁设备箱	套	一般均为 1 套
31	转辙机安装装置(含安装图)	套	一般均为 1 套
32	道岔外锁闭装置(4 个牵引点)	套	一般均为 1 套
33	道岔密检器	套	一般均为 2 套
34	ATP/ATO 车载计算机	套	一般均为 1 套
35	车载司机显示单元	套	一般均为 1 套
36	车载无线单元	套	一般均为 1 套
37	车载 ATP/ATO 无线天线	套	一般均为 2 套
38	应答器天线	套	一般均为 1 套
39	车载传感设备	套	一般均为 1 套
40	加速度计	套	一般均为 1 套
41	多普勒雷达	套	一般均为 1 套
42	工作台椅及文件柜	套	一般均为 1 套

注:表中仅列出主要设备情况,其余设备、材料工程量根据设计文件计算。

2.7 维修中心信号系统

信号系统设置远程集中监测和故障诊断设备，与 ATS 设备的维护管理设备和网络管理设备综合考虑统一设置为综合维修管理系统。 综合维修管理系统利用计算机、网络和通信技术，完成对信号系统、ATS 设备状态的集中监视和报警，实时监测系统设备的使用情况，定位故障地点，统计故障时间，管理维修作业，以实现预防故障发生，提高系统维护管理水平的目的。

综合维修管理系统设备主要包括维修中心设备、控制中心设备、正线车站设备、车辆段/停车场设备、维修工区设备及维修网络等。

维修中心信号系统工程量计算原则见表 2-7。

维修中心信号系统工程量计算原则　　表 2-7

序　号	设备名称	单　位	工程量计算原则
1	网络管理服务器	套	一般均为 1 套
2	网络管理交换机	套	一般均为 2 套

续上表

序　号	设备名称	单　位	工程量计算原则
3	网络管理机柜	套	一般均为 1 套
4	网络管理工作站	套	一般均为 1 套
5	网络管理打印机	套	一般均为 1 套
6	维护诊断服务器	套	一般均为 2 套
7	维护诊断工作站	套	一般均为 2 套
8	维护诊断打印机	套	一般均为 2 套
9	维护诊断机柜	套	一般均为 1 套
10	维护诊断交换机	套	一般均为 2 套
11	智能综合电源屏	套	一般均为 1 套
12	UPS 设备	套	一般均为 2 套
13	稳压器	套	一般均为 1 套
14	蓄电池	套	一般均为 1 套
15	蓄电池柜	套	一般均为 2 套
16	电源防雷箱	套	一般均为 1 套

注：表中仅列出主要设备情况，其余设备、材料工程量根据设计文件计算。

第 3 章　信号系统设备单价分析

3.1 信号系统国产化情况

信号系统依据控制方式以及信息传输方式的不同，系统结构组成和配置方式也完全不同。 在工程设计中选择何种配置，须根据行车组织、车辆性能、车站规模、线路条件等，以安全性、可靠性为基本原则，兼顾成熟性、经济性、合理性，以发挥最大效能为目标，并需适当考虑先进性等。

由于信号系统涉及行车安全，各厂商的关键技术、接口协议均不对外开放，不同厂商之间的设备无法实现互联互通。 受此影响，延长线信号系统无法通过正常招标方式采购，只能向原供货商进行采购，造成延长线信号系统指标较既有线指标高。

信号系统是目前城市轨道交通工程中国产化率最低的系统（约 60%，不同线路有一定的差异），主要设备以进口为主，大部分设备以国产（合资）为主，辅助设备多为国产，详见表 3-1。

城市轨道交通信号系统主要设备、产品来源　　表 3-1

序　号	子系统或设备名称	产品来源
	一、正线	
1	ATP/ATO 设备	进口为主
2	计轴设备	进口为主
3	数据通信传输系统设备	国产为主
4	车站 ATS 设备	国产为主
5	正线计算机联锁设备	国产为主
6	智能电源设备	国产
7	转辙机	国产
8	信号机	国产
9	各类线缆	国产
10	轨道电缆、继电器、组合柜、接口柜等现场设备	国产

续上表

序　号	子系统或设备名称	产品来源
	二、控制中心	
1	服务器	进口为主
2	工作站	国产
3	ATS 软件	国产为主
	三、车辆段	
1	计算机联锁	国产
2	微机监测	国产
3	智能电源设备	国产
4	转辙机	国产
5	信号机	国产
6	各类线缆	国产
7	轨道电缆、继电器、组合柜、接口柜等现场设备	国产
	四、停车场	
1	计算机联锁	国产
2	微机监测	国产
3	智能电源设备	国产
4	转辙机	国产
5	信号机	国产
6	各类线缆	国产
7	轨道电缆、继电器、组合柜、接口柜等现场设备	国产
	五、试车线	
1	ATP/ATO 设备	进口为主
2	试车线控制设备	国产
3	智能电源设备	国产
	六、车载设备	
1	车载 ATP/ATO 设备	进口为主
2	车载 HMI 设备	国产
3	线缆等其他设备	国产
	七、培训中心	
1	培训服务器及软件	进口为主
2	培训工作站	国产
	八、维修中心	
1	ATC 专用维修设备	国产为主

目前，国内已建成通车线路信号系统制式详见表3-2。

国内主要城市轨道交通信号系统制式

表 3-2

城市	线　别	信号系统制式
北京	1 号线	固定闭塞
	2 号线	移动闭塞(无线)
	八通线	固定闭塞
	13 号线	固定闭塞
	4 号线、大兴线	移动闭塞(无线)
	5 号线	固定闭塞
	机场线	移动闭塞(无线)
	亦庄线	移动闭塞(无线)
深圳	1、4 号线	准移动闭塞
	2、5 号线	移动闭塞
	3 号线	移动闭塞
上海	1 号线	固定闭塞
	莘闵线	固定闭塞
	2 号线	准移动闭塞
	3 号线	准移动闭塞
	6、7、8、9、11 号线	移动闭塞(无线)
天津	1 号线	固定闭塞
	津滨线	准移动闭塞
	2、3	移动闭塞(无线)
广州	1、2 号线	准移动闭塞
	3 号线	移动闭塞(环线)
	机场线	移动闭塞(环线)
	4、5 号线	移动闭塞(无线)
	广佛线	移动闭塞(无线)
	6 号线	移动闭塞(波导管)
	7 号线	移动闭塞(无线)
南京	1 号线	准移动闭塞
	2 号线	移动闭塞(无线)
	机场线	移动闭塞(无线)
武汉	1 号线	移动闭塞(环线)
沈阳	1 号线	移动闭塞(无线)
成都	1 号线	移动闭塞(无线)
	2 号线	移动闭塞(无线)
西安	1 号线	移动闭塞(无线)
	2 号线	移动闭塞(无线)
杭州	1 号线	移动闭塞(无线)

作为城市轨道交通关键技术装备的信号系统，自 2004 年底到现在，国内所有建设或改造的线路几乎全部都采用基于通信的列车自动控制（CBTC）技术，从降低投资成本和确保轨道运营安全的角度看，实现信号系统的国产化非常必要，且势在必行。目前，信号系统国产化的实现主要通过以下两种方式：

1) 与国外厂商合作进行系统集成

与国外厂商合作生产与开发是引进系统国产化、实现技术进步的途径之一，是国家支持的一种模式。由国内一些具有信号技术能力的公司，将适用的信号产品、子系统，集成为一完整的信号系统，实现信号系统的部分国产化。采用系统集成模式的国产化政策，通过"市场换技术"，以中国地铁建设巨大的市场前景，吸引跨国公司，而条件是必须与国内一家认可的定点企业合作投标，并对引进设备实施国产化。国内信号系统厂商或机构集成业绩详见表 3-3。

国内信号系统厂商或机构集成业绩表　　表 3-3

厂家或机构	主要集成业绩
中国铁道科学研究院集团有限公司（简称"铁科院"）	广佛线工程，采用移动闭塞系统
	广州地铁 7 号线一期工程，采用自主研发的移动闭塞系统
	重庆地铁 10 号线工程，采用自主研发的移动闭塞系统
	长沙机场线磁悬浮工程，采用固定闭塞点/连式信号系统
卡斯柯信号有限公司（简称"卡斯柯"）	北京轨道交通房山线、9 号线工程，采用移动闭塞系统
	上海地铁 10 号线工程，采用移动闭塞系统
	广州地铁 6 号线工程，采用移动闭塞系统
浙江浙大网新集团有限公司	沈阳地铁 1、2 号线工程，采用移动闭塞系统
	深圳地铁 3 号线工程，采用移动闭塞系统
	成都地铁 1、2 号线工程，采用移动闭塞系统
中国铁路通信信号集团有限公司（简称"通号公司"）	北京地铁 8、10 号线工程，重庆 1、6 号线工程，采用 CBTC 系统
	北京地铁八通线工程，采用固定闭塞系统
	天津地铁 1 号线工程，采用准移动闭塞系统
	天津地铁 2、3 号线工程，采用移动闭塞系统
中国电子科技集团公司第十四研究所	南京地铁 1 号线工程，采用准移动闭塞信号系统
	南京地铁 2 号线工程，苏州地铁 1、2 号线工程，采用移动闭塞信号系统
上海贝尔阿尔卡特公司	北京地铁 4 号线工程，采用 CBTC 系统
	上海地铁 6、7、8、9、11 号线工程，采用 CBTC 系统
北京和利时系统工程有限公司	北京地铁昌平线工程，采用移动闭塞系统
北京交大微联科技有限公司	北京地铁 15 号线、成都地铁 3 号线工程，采用移动闭塞系统

通过众多工程的实施，与国外厂商合作进行系统集成的方式实现国产化取得了较大成果，但也遇到了一些问题。应该肯定的是，由于有了国产化的政策，有了国内企业的参与，有了国产化率的限制，在一定程度上对外商的系统价格起到了一定的钳制作用，降低了部分设备造价。随着国产化政策的深入，在信号系统的引进过程中，国产信号技术装备的比例逐渐增加，由仅限于车辆段联锁设备，逐渐扩展到包括正线车站联锁、ATP/ATO、ATS 等设备，并且逐渐从形式上的国内信号公司的系统集成，演变为国内信号公司实质上的系统集成。通过引进国外信号系统，扎实有力地推进了国产化的各项工作，提升了国产信号设备的自主研发水平。

地铁信号系统技术与装备的引进几乎涵盖了世界上各跨国公司不同制式的产品，但核心技术由国外供货商控制，不利于建设标准的统一，工程实施和运营维护往往受制于国外供货商。

2) 自主研发国产信号系统

总结国内外大铁路及城市轨道交通系统信号技术的成功经验，结合我国城市轨道交通的特点和需要，自主开发信号系统设备是我国城市轨道交通信号技术发展的必由之路，也是降低造价，促进城市轨道交通发展的必由之路。近年来，国产信号系统蓬勃发展，特别是 CBTC 系统，已经出现多家国产化信号系统，并逐步应用于工程实践。

目前，国产 CBTC 系统主要包括交控科技股份有限公司（简称“交控科技”）的基于无线通信的 LCF-300 型 CBTC 移动闭塞系统、铁科院的基于无线通信的 MTC-I 型 CBTC 系统、通号公司的 FZL300 型基于无线通信的移动闭塞系统、卡斯柯的 iCMTC 型 CBTC 移动闭塞系统及上海富欣智能交通控制有限公司（简称“富欣智控”）的 JeRail® CBTC 系统。

我国具有自主知识产权的移动闭塞 ATC 系统第一条国产化示范线北京轨道交通亦庄线，已于 2010 年底开通（采用交控科技的基于无线通信的 LCF-300 型 CBTC 移动闭塞系统）；其他厂家的 CBTC 系统均在不同程度的工程实施中。各自主知识产权 CBTC 系统业绩详见表 3-4。

国内信号系统厂商自主知识产权 CBTC 系统业绩表 表 3-4

核心产品供货商	系统产品	应用主要业绩
交控科技	LCF-300 型 CBTC 系统	北京地铁亦庄线(示范线)、昌平线、燕房线及 7、14 号线等工程,重庆地铁环线工程等
铁科院	MTC-I 型 CBTC 系统	广州 7 地铁号线、重庆地铁 10 号线工程等

续上表

核心产品供货商	系统产品	应用主要业绩
通号公司	FZL300 型 CBTC 系统	北京地铁 8 号线、重庆地铁 5 号线工程等
卡斯柯	iCMTC 型 CBTC 系统	张江实训线(现场试验)
富欣智控	JeRail® CBTC 系统	上海地铁 8 号线三期工程

目前，国内自主研发的完整 ATC 系统，种类比较齐全、性能比较完善、数量已形成一定的规模，有些产品已通过工程实际应用，并具有完全自主知识产权。

3.2 信号系统设备参考单价

由于信号系统的特殊性，绝大部分设备只列出设备名称，无相关规格型号，因此，不同地区、不同线路、不同单位、不同厂家所采用的设备单价均有一定差异，下面将列出某线路初步设计概算设备单价，供参考。

3.2.1 中央级(控制中心)信号系统

中央级（控制中心）信号系统设备参考单价见表 3-5。

中央级(控制中心)信号系统设备参考单价　　表 3-5

序号	设备名称	单位	参考单价(万元)
1	应用服务器	套	125
2	数据库服务器	套	125
3	前端处理器	套	54.63
4	中央网络节点	套	300
5	中央网络交换机	套	80
6	通信交换机	套	5
7	网络管理交换机	套	5
8	网关计算机	套	5
9	中央行调工作站	套	10
10	打印机设备	套	1.5
11	ATS 培训服务器	套	100
12	ATS 培训模拟器	套	5

续上表

序　　号	设 备 名 称	单　　位	参考单价(万元)
13	ATS 培训工作站	套	5
14	磁盘阵列	套	10
15	网络管理服务器	套	10
16	时刻表编辑工作站	套	5
17	网管、维护、打印工作站	套	5
18	LTE 核心网设备	套	166
19	LTE 核心网机柜	套	1.5
20	大屏接口计算机	套	10
21	服务器机柜	套	1.5
22	电源防雷箱	套	5
23	智能综合电源屏	套	15
24	UPS 设备	套	40
25	稳压器	套	1
26	蓄电池	套	15
27	蓄电池柜	套	0.5
28	工作台椅	套	0.2

3.2.2　正线及轨旁信号系统

正线及轨旁信号系统设备参考单价见表 3-6。

正线及轨旁信号系统设备参考单价　　表 3-6

序　　号	设 备 名 称	单　　位	参考单价(万元)
1	ATP/ATO 运算处理单元	套	298.5
2	ATP/ATO 机柜	套	1.5
3	轨旁数据库服务器	套	30.5
4	服务器机柜	套	1.5
5	车站网络节点	套	46.5
6	网络交换机	套	2
7	网络机柜	套	1.5
8	接口柜(站台门接口设备)	套	21
9	防雷分线柜	套	1.4
10	组合柜	套	1.2
11	计算机联锁系统	套	200

续上表

序号	设备名称	单位	参考单价(万元)
12	联锁控制工作站	套	10
13	联锁机柜	套	1.5
14	计轴主机	套	12.5
15	计轴电子盒	套	2.6
16	计轴磁头	套	3
17	计轴复位盘	套	1
18	计轴机柜	套	1.5
19	道岔缺口检查主机	套	8.5
20	缺口检查机柜	套	1.5
21	安全型继电器(各型)	套	0.2
22	各类组合	套	1.5
23	LEU 单元	套	1
24	可变数据应答器	套	7.82
25	固定数据应答器	套	1.33
26	车站 ATS 分机	套	35
27	车站 ATS 工作站	套	3
28	车站 ATS 打印机	套	0.5
29	车站 ATS 机柜(接口箱)	套	17.89
30	发车指示器	套	1
31	发车指示器托架	套	0.21
32	无人自动折返按钮箱	套	2
33	紧急停车按钮箱	套	0.15
34	三相交流电动转辙机	套	3.4
35	转辙机安装装置(含安装图,2个牵引点)	套	7.5
36	转辙机安装装置(含安装图,4个牵引点)	套	15
37	道岔外锁闭装置(2个牵引点)	组	3.6
38	道岔外锁闭装置(4个牵引点)	套	7.2
39	道岔密检器	套	3
40	免维护区间信号放大器	套	20
41	道岔缺口检查室外分机	套	3
42	LTE 车站设备(BBU)	套	13
43	LTE 车站级机柜	套	1.5
44	LTE 轨旁设备(RRU)	套	9
45	LTE 合路器	套	0.5
46	LTE 轨旁设备箱	套	0.5

续上表

序　号	设备名称	单　位	参考单价(万元)
47	LTE 轨旁设备支架	套	0.2
48	正线维护监测设备(含室内外设备)	套	28.5
49	维护监测机柜	套	1.5
50	维护工作站	套	3
51	维护打印机	套	0.5
52	智能综合电源屏	套	15
53	UPS 设备	套	30
54	稳压器	套	1
55	蓄电池	套	15
56	蓄电池柜	套	0.5
57	灯丝报警主机及采集板	套	5
58	各类报警装置	套	0.5
59	电源防雷箱	套	1.5
60	矮型三显示 LED 信号机	套	1.7
61	信号机托架	套	0.1
62	工厂化配线槽道	套	0.2
63	组合排架报警器	套	0.2
64	断路器(各型)	套	0.05
65	防雷单元(各型)	套	0.1
66	变压器 BD1-7	套	0.3
67	BDX 型限时断相保护器	套	0.2
68	阻容盒	套	0.1
69	工作台椅及文件柜	套	1
70	信号设备维修平台	套	0.2

3.2.3 车辆段/停车场信号系统

车辆段/停车场信号系统设备参考单价见表 3-7。

车辆段/停车场信号系统设备参考单价　　表 3-7

序　号	设备名称	单　位	参考单价(万元)
1	计算机联锁系统	套	200
2	联锁机柜	套	1.5
3	微机监测系统设备	套	28.5

续上表

序　号	设备名称	单　位	参考单价(万元)
4	微机监测机柜	套	1.5
5	维修工作站	套	3
6	网络交换机	套	2
7	车站网络节点	套	46.5
8	网络机柜	套	1.5
9	车站 ATS 工作站	套	3
10	车站 ATS 机柜(接口箱)	套	17.89
11	车辆派班工作站(含打印机)	套	3
12	车站 ATS 打印机	套	0.5
13	计轴主机	套	12.5
14	计轴电子盒	套	2.6
15	计轴磁头	套	3
16	计轴复位盘	套	1
17	计轴机柜	套	1.5
18	道岔缺口检查主机	套	8.5
19	缺口检查机柜	套	1.5
20	智能综合电源屏	套	15
21	UPS 设备	套	40
22	稳压器	套	1
23	蓄电池	套	15
24	蓄电池柜	套	0.5
25	电源防雷箱	套	1.5
26	防雷分线柜	套	1.4
27	组合柜	套	1.2
28	接口柜	套	1.5
29	安全型继电器(各型)	套	0.2
30	各类组合	套	1.5
31	LTE 车站设备(BBU)	套	13
32	LTE 车站级机柜	套	1.5
33	LTE 轨旁设备(RRU)	套	9
34	LTE 合路器	套	0.5
35	LTE 轨旁设备箱	套	0.5
36	无线访问接入点(AP)	套	3

续上表

序　　号	设 备 名 称	单　　位	参考单价(万元)
37	LTE 轨旁设备支架	套	0.2
38	高柱二显示 LED 信号机	套	1.2
39	矮型二显示 LED 信号机	套	1.2
40	高柱三显示 LED 信号机	套	1.7
41	矮型三显示 LED 信号机	套	1.7
42	灯丝报警主机及采集板	套	5
43	三相交流电动转辙机	套	3.4
44	转辙机安装装置(含安装图,1 个牵引点)	套	3.8
45	转辙机安装装置(含安装图,4 个牵引点)	套	15
46	道岔外锁闭装置(1 个牵引点)	套	1.8
47	道岔外锁闭装置(4 个牵引点)	套	7.2
48	道岔密检器	套	3
49	道岔缺口检查室外分机	套	2
50	洗车库按钮盘	套	0.3
51	电缆绝缘测试装置组合式	套	5
52	走线架	套	0.1
53	工厂化配线槽道	套	0.2
54	组合排架报警器	套	0.2
55	断路器(各型)	套	0.05
56	防雷单元(各型)	套	0.1
57	变压器 BD1-7	套	0.3
58	BDX 型限时断相保护器	套	0.2
59	阻容盒	套	0.1
60	工作台椅及文件柜	套	1

3.2.4　试车线信号系统

试车线信号系统设备参考单价见表 3-8。

试车线信号系统设备参考单价　　表 3-8

序　　号	设 备 名 称	单　　位	参考单价(万元)
1	试车线控制工作站	套	10
2	试车线控制台	套	2
3	ATP/ATO 运算处理单元	套	298.5

续上表

序　号	设备名称	单　位	参考单价(万元)
4	ATP/ATO 机柜	套	1.5
5	防雷分线柜	套	1.4
6	试车线联锁单元	套	200
7	计轴主机	套	12.5
8	接口设备模拟器	套	2
9	安全型继电器(各型)	套	0.2
10	各类组合	套	1.5
11	LEU 单元	套	1
12	可变数据应答器	套	7.82
13	固定数据应答器	套	1.33
14	计轴电子盒	套	2.6
15	计轴磁头	套	3
16	联锁机柜	套	1.5
17	计轴机柜	套	1.5
18	组合柜	套	1.5
19	接口柜	套	1.2
20	LTE 核心网设备	套	166
21	LTE 车站设备(BBU)	套	13
22	LTE 车站级机柜	套	1.5
23	LTE 轨旁设备(RRU)	套	9
24	LTE 合路器	套	0.5
25	LTE 轨旁设备箱	套	0.5
26	无线访问接入点(AP)	套	3
27	LTE 轨旁设备支架	套	0.2
28	打印机	套	0.5
29	UPS 设备	套	30
30	稳压器	套	1
31	蓄电池	套	15
32	蓄电池柜	套	0.5
33	智能综合电源屏	套	15
34	电源防雷箱	套	5
35	走线架	套	0.1
36	矮型三显示 LED 信号机	套	2

续上表

序号	设备名称	单位	参考单价(万元)
37	灯丝报警主机及采集板	套	5
38	工厂化配线槽道	套	0.2
39	组合排架报警器	套	0.2
40	断路器(各型)	套	0.05
41	防雷单元(各型)	套	0.1
42	工作台椅及文件柜	套	1

3.2.5 车载信号系统

车载信号系统设备参考单价见表3-9。

车载信号系统设备参考单价 表3-9

序号	设备名称	单位	参考单价(万元)
1	ATP/ATO 车载计算机	套	36
2	车载司机显示单元	套	11
3	车载无线单元	套	12.5
4	车载 ATP/ATO 无线天线	套	4.83
5	车载交换机	套	10
6	应答器天线	套	1
7	车载传感设备	套	13
8	加速度计	套	8
9	多普勒雷达	套	1
10	车载中继连接器	套	1
11	安全型继电器(各型)	套	0.1
12	车载 VOBC 机柜	套	14

3.2.6 培训中心信号系统

培训中心信号系统设备参考单价见表3-10。

培训中心信号系统设备参考单价 表3-10

序号	设备名称	单位	参考单价(万元)
1	ATP/ATO 运算处理单元	套	300
2	ATP/ATO 机柜	套	1.5
3	计算机联锁系统	套	300

续上表

序 号	设 备 名 称	单 位	参考单价(万元)
4	联锁控制工作站	套	10
5	联锁机柜	套	1.5
6	计轴主机	套	40
7	计轴电子盒	套	2.7
8	计轴磁头	套	3
9	计轴复位盘	套	1
10	计轴机柜	套	1.5
11	智能综合电源屏	套	15
12	UPS 设备	套	40
13	稳压器	套	1
14	蓄电池	套	15
15	蓄电池柜	套	0.5
16	电源防雷箱	套	5
17	模拟服务器	套	20
18	培训工作站	套	1
19	车载设备仿真测试台	套	50
20	LEU 单元	套	10
21	可变数据应答器	套	8.82
22	固定数据应答器	套	1.33
23	灯丝报警主机及采集板	套	1
24	道岔缺口检查主机	套	10
25	道岔缺口检查室外分机	套	2
26	车站 ATS 分机	套	35
27	车站 ATS 工作站	套	1
28	车站 ATS 机柜	套	0.5
29	发车指示器	套	1.21
30	紧急停车按钮箱	套	0.3
31	无人自动折返按钮箱	套	2
32	LTE 车站设备(BBU)	套	13
33	LTE 车站级机柜	套	1.5
34	LTE 轨旁设备(RRU)	套	9
35	LTE 合路器	套	0.5
36	LTE 轨旁设备箱	套	0.5

续上表

序　号	设备名称	单　位	参考单价(万元)
37	无线访问接入点(AP)	套	3
38	LTE 轨旁设备支架	套	0.2
39	矮型三显示 LED 信号机	套	2
40	三相交流电动转辙机	套	3.4
41	转辙机安装装置(含安装图)	套	3.4
42	道岔外锁闭装置(4 个牵引点)	套	2.5
43	道岔密检器	套	1
44	ATP/ATO 车载计算机	套	36
45	车载司机显示单元	套	11
46	车载无线单元	套	25
47	车载 ATP/ATO 无线天线	套	4.83
48	应答器天线	套	15
49	车载传感设备	套	13
50	加速度计	套	9
51	多普勒雷达	套	1
52	工厂化配线槽道	套	0.2
53	安全型继电器(各型)	套	0.2
54	杆上终端电缆盒 HG6	套	0.1
55	终端电缆盒 HZ12	套	0.1
56	终端电缆盒 HZ24	套	0.1
57	应答器电缆盒	套	0.1
58	分向盒 HF4	套	0.1
59	分向盒 HF7	套	0.1
60	光缆终端盒 OTB-I	套	0.1
61	组合排架报警器	套	4
62	断路器(各型)	套	1
63	防雷单元(各型)	套	0.1
64	阻容盒	套	0.1
65	工作台椅及文件柜	套	1

3.2.7　维修中心信号系统

维修中心信号系统设备参考单价见表 3-11。

维修中心信号系统设备参考单价

表3-11

序号	设备名称	单位	参考单价(万元)
1	网络管理服务器	套	3
2	网络管理交换机	套	2
3	网络管理机柜	套	1.06
4	网络管理工作站	套	3.4
5	网络管理打印机	套	0.3
6	维护诊断服务器	套	5
7	维护诊断工作站	套	2.38
8	维护诊断打印机	套	3.2
9	维护诊断机柜	套	5
10	维护诊断交换机	套	5
11	智能综合电源屏	套	10
12	UPS 设备	套	2
13	稳压器	套	3
14	蓄电池	套	10
15	蓄电池柜	套	1
16	电源防雷箱	套	5

第4章　工程案例分析

目前，国内信号系统大部分采用CBTC制式，车型主要以6B、6A、8A等为主，信号系统设计标准、技术指标、分项经济指标差异不大。

实际工程由于线路长度不同、车站数量不同、车辆段/停车场设置不同、配车数量不同，信号系统综合指标差异较大。

现以某线路为例，分析信号系统造价及指标。

该线路全长61.3km，均为地下线；设站9座，平均站间距7.6km，8节编组，初期配车25列。全线设置1段1场，1座控制中心，3座主变电站。另外，工程车考虑车载信号系统。

4.1 设备数量分析

根据工程数量计算原则，结合某线路信号系统初步设计图纸、说明书，计算、分析信号系统工程数量如下。

4.1.1 中央级（控制中心）信号系统

中央级（控制中心）信号系统工程数量见表4-1。

中央级（控制中心）信号系统工程数量　　表4-1

序　号	设备名称	单　位	数　量
1	应用服务器	套	2
2	数据库服务器	套	2
3	前端处理器	套	2
4	中央网络节点	套	2
5	中央网络交换机	套	4
6	通信交换机	套	2
7	网络管理交换机	套	1
8	网关计算机	套	2
9	中央行调工作站	套	7

续上表

序号	设备名称	单位	数量
10	打印机设备	套	7
11	ATS 培训服务器	套	1
12	ATS 培训模拟器	套	1
13	ATS 培训工作站	套	3
14	磁盘阵列	套	1
15	网络管理服务器	套	1
16	时刻表编辑工作站	套	1
17	网管、维护、打印工作站	套	3
18	LTE 核心网设备	套	2
19	LTE 核心网机柜	套	1
20	大屏接口计算机	套	2
21	服务器机柜	套	5
22	电源防雷箱	套	1
23	智能综合电源屏	套	2
24	UPS 设备	套	2
25	稳压器	套	1
26	蓄电池	套	2
27	蓄电池柜	套	2
28	工作台椅	套	1

4.1.2 正线及轨旁信号系统

正线及轨旁信号系统工程数量见表4-2。

正线及轨旁信号系统工程数量 表4-2

序号	设备名称	单位	数量
1	ATP/ATO 运算处理单元	套	10
2	ATP/ATO 机柜	套	10
3	轨旁数据库服务器	套	10
4	服务器机柜	套	10
5	车站网络节点	套	11
6	网络交换机	套	88
7	网络机柜	套	11
8	接口柜(站台门接口设备)	套	18

续上表

序　号	设备名称	单　位	数　量
9	防雷分线柜	套	22
10	组合柜	套	90
11	计算机联锁系统	套	10
12	联锁控制工作站	套	10
13	联锁机柜	套	10
14	计轴主机	套	10
15	计轴电子盒	套	316
16	计轴磁头	套	316
17	计轴复位盘	套	10
18	计轴机柜	套	10
19	道岔缺口检查主机	套	10
20	缺口检查机柜	套	10
21	安全型继电器(各型)	套	10500
22	各类组合	套	1100
23	LEU 单元	套	201
24	可变数据应答器	套	201
25	固定数据应答器	套	1720
26	车站 ATS 分机	套	10
27	车站 ATS 工作站	套	10
28	车站 ATS 打印机	套	10
29	车站 ATS 机柜(接口箱)	套	10
30	发车指示器	套	18
31	发车指示器托架	套	18
32	无人自动折返按钮箱	套	1
33	紧急停车按钮箱	套	54
34	三相交流电动转辙机	套	284
35	转辙机安装装置(含安装图,2 个牵引点)	套	34
36	转辙机安装装置(含安装图,4 个牵引点)	套	54
37	道岔外锁闭装置(2 个牵引点)	组	34
38	道岔外锁闭装置(4 个牵引点)	套	54
39	道岔密检器	套	176
40	免维护区间信号放大器	套	30
41	道岔缺口检查室外分机	套	284

续上表

序 号	设备名称	单 位	数 量
42	LTE 车站设备(BBU)	套	22
43	LTE 车站级机柜	套	11
44	LTE 轨旁设备(RRU)	套	362
45	LTE 合路器	套	724
46	LTE 轨旁设备箱	套	362
47	LTE 轨旁设备支架	套	362
48	正线维护监测设备(含室内外设备)	套	10
49	维护监测机柜	套	10
50	维护工作站	套	10
51	维护打印机	套	10
52	智能综合电源屏	套	11
53	UPS 设备	套	22
54	稳压器	套	11
55	蓄电池	套	22
56	蓄电池柜	套	11
57	灯丝报警主机及采集板	套	10
58	各类报警装置	套	11
59	电源防雷箱	套	11
60	矮型三显示 LED 信号机	套	175
61	信号机托架	套	175
62	工厂化配线槽道	套	300
63	组合排架报警器	套	53
64	断路器(各型)	套	1638
65	防雷单元(各型)	套	11980
66	变压器 BD1-7	套	88
67	BDX 型限时断相保护器	套	88
68	阻容盒	套	88
69	工作台椅及文件柜	套	11
70	信号设备维修平台	套	231

4.1.3 车辆段/停车场信号系统

车辆段/停车场信号系统工程数量见表4-3。

车辆段/停车场信号系统工程数量

表 4-3

序号	设备名称	单位	数量
1	计算机联锁系统	套	1
2	联锁机柜	套	2
3	微机监测系统设备	套	1
4	微机监测机柜	套	2
5	维修工作站	套	1
6	网络交换机	套	2
7	车站网络节点	套	1
8	网络机柜	套	1
9	车站 ATS 工作站	套	2
10	车站 ATS 机柜(接口箱)	套	1
11	车辆派班工作站(含打印机)	套	1
12	车站 ATS 打印机	套	2
13	计轴主机	套	2
14	计轴电子盒	套	127
15	计轴磁头	套	127
16	计轴复位盘	套	1
17	计轴机柜	套	3
18	道岔缺口检查主机	套	1
19	缺口检查机柜	套	1
20	智能综合电源屏	套	1
21	UPS 设备	套	2
22	稳压器	套	1
23	蓄电池	套	2
24	蓄电池柜	套	2
25	电源防雷箱	套	1
26	防雷分线柜	套	4
27	组合柜	套	16
28	接口柜	套	2
29	安全型继电器(各型)	套	1800
30	各类组合	套	180
31	LTE 车站设备(BBU)	套	2
32	LTE 车站级机柜	套	1
33	LTE 轨旁设备(RRU)	套	4
34	LTE 合路器	套	8
35	LTE 轨旁设备箱	套	4
36	无线访问接入点(AP)	套	20

续上表

序 号	设备名称	单 位	数 量
37	LTE 轨旁设备支架	套	24
38	高柱二显示 LED 信号机	套	2
39	矮型二显示 LED 信号机	套	50
40	高柱三显示 LED 信号机	套	6
41	矮型三显示 LED 信号机	套	42
42	灯丝报警主机及采集板	套	2
43	三相交流电动转辙机	套	45
44	转辙机安装装置(含安装图,1 个牵引点)	套	45
45	转辙机安装装置(含安装图,4 个牵引点)	套	1
46	道岔外锁闭装置(1 个牵引点)	套	45
47	道岔外锁闭装置(4 个牵引点)	套	1
48	道岔密检器	套	2
49	道岔缺口检查室外分机	套	49
50	洗车库按钮盘	套	1
51	电缆绝缘测试装置组合式	套	1
52	走线架	套	40
53	工厂化配线槽道	套	40
54	组合排架报警器	套	6
55	断路器(各型)	套	500
56	防雷单元(各型)	套	1000
57	变压器 BD1-7	套	49
58	BDX 型限时断相保护器	套	49
59	阻容盒	套	49
60	工作台椅及文件柜	套	1

4.1.4 试车线信号系统

试车线信号系统工程数量见表4-4。

试车线信号系统工程数量　　表4-4

序 号	设备名称	单 位	数 量
1	试车线控制工作站	套	1
2	试车线控制台	套	1
3	ATP/ATO 运算处理单元	套	1
4	ATP/ATO 机柜	套	1
5	防雷分线柜	套	1

续上表

序　号	设备名称	单　位	数　量
6	试车线联锁单元	套	1
7	计轴主机	套	1
8	接口设备模拟器	套	1
9	安全型继电器(各型)	套	100
10	各类组合	套	12
11	LEU 单元	套	6
12	可变数据应答器	套	6
13	固定数据应答器	套	30
14	计轴电子盒	套	8
15	计轴磁头	套	8
16	联锁机柜	套	1
17	计轴机柜	套	1
18	组合柜	套	3
19	接口柜	套	1
20	LTE 核心网设备	套	1
21	LTE 车站设备(BBU)	套	1
22	LTE 车站级机柜	套	1
23	LTE 轨旁设备(RRU)	套	4
24	LTE 合路器	套	8
25	LTE 轨旁设备箱	套	4
26	无线访问接入点(AP)	套	6
27	LTE 轨旁设备支架	套	10
28	打印机	套	1
29	UPS 设备	套	2
30	稳压器	套	1
31	蓄电池	套	1
32	蓄电池柜	套	2
33	智能综合电源屏	套	1
34	电源防雷箱	套	1
35	走线架	套	10
36	矮型三显示 LED 信号机	套	12
37	灯丝报警主机及采集板	套	1
38	工厂化配线槽道	套	3
39	组合排架报警器	套	1
40	断路器(各型)	套	35
41	防雷单元(各型)	套	50
42	工作台椅及文件柜	套	1

4.1.5 车载信号系统

车载信号系统工程数量见表4-5。

车载信号系统工程数量 表4-5

序号	设备名称	单位	数量
1	ATP/ATO 车载计算机	套	50
2	车载司机显示单元	套	50
3	车载无线单元	套	100
4	车载 ATP/ATO 无线天线	套	50
5	车载交换机	套	50
6	应答器天线	套	50
7	车载传感设备	套	50
8	加速度计	套	50
9	多普勒雷达	套	50
10	车载中继连接器	套	50
11	安全型继电器(各型)	套	50
12	车载 VOBC 机柜	套	50

4.1.6 培训中心信号系统

培训中心信号系统工程数量见表4-6。

培训中心信号系统工程数量 表4-6

序号	设备名称	单位	数量
1	ATP/ATO 运算处理单元	套	1
2	ATP/ATO 机柜	套	1
3	计算机联锁系统	套	1
4	联锁控制工作站	套	1
5	联锁机柜	套	1
6	计轴主机	套	1
7	计轴电子盒	套	3
8	计轴磁头	套	3
9	计轴复位盘	套	3
10	计轴机柜	套	1
11	智能综合电源屏	套	1

续上表

序号	设备名称	单位	数量
12	UPS 设备	套	2
13	稳压器	套	1
14	蓄电池	套	1
15	蓄电池柜	套	1
16	电源防雷箱	套	1
17	模拟服务器	套	1
18	培训工作站	套	2
19	车载设备仿真测试台	套	1
20	LEU 单元	套	2
21	可变数据应答器	套	2
22	固定数据应答器	套	3
23	灯丝报警主机及采集板	套	1
24	道岔缺口检查主机	套	1
25	道岔缺口检查室外分机	套	4
26	车站 ATS 分机	套	1
27	车站 ATS 工作站	套	1
28	车站 ATS 机柜	套	1
29	发车指示器	套	2
30	紧急停车按钮箱	套	2
31	无人自动折返按钮箱	套	1
32	LTE 车站设备(BBU)	套	1
33	LTE 车站级机柜	套	1
34	LTE 轨旁设备(RRU)	套	1
35	LTE 合路器	套	2
36	LTE 轨旁设备箱	套	1
37	无线访问接入点(AP)	套	1
38	LTE 轨旁设备支架	套	2
39	矮型三显示 LED 信号机	套	3
40	三相交流电动转辙机	套	4
41	转辙机安装装置(含安装图)	套	1
42	道岔外锁闭装置(4 个牵引点)	套	1
43	道岔密检器	套	2
44	ATP/ATO 车载计算机	套	1

续上表

序　号	设备名称	单　位	数　量
45	车载司机显示单元	套	1
46	车载无线单元	套	1
47	车载 ATP/ATO 无线天线	套	2
48	应答器天线	套	1
49	车载传感设备	套	1
50	加速度计	套	1
51	多普勒雷达	套	1
52	工厂化配线槽道	套	10
53	安全型继电器(各型)	套	80
54	杆上终端电缆盒 HG6	套	2
55	终端电缆盒 HZ12	套	2
56	终端电缆盒 HZ24	套	2
57	应答器电缆盒	套	2
58	分向盒 HF4	套	2
59	分向盒 HF7	套	2
60	光缆终端盒 OTB-I	套	2
61	组合排架报警器	套	2
62	断路器(各型)	套	15
63	防雷单元(各型)	套	30
64	阻容盒	套	2
65	工作台椅及文件柜	套	1

4.1.7　维修中心信号系统

维修中心信号系统工程数量见表4-7。

维修中心信号系统工程数量　　表4-7

序　号	设备名称	单　位	数　量
1	网络管理服务器	套	1
2	网络管理交换机	套	2
3	网络管理机柜	套	1
4	网络管理工作站	套	1
5	网络管理打印机	套	1
6	维护诊断服务器	套	2

续上表

序　　号	设备名称	单　　位	数　　量
7	维护诊断工作站	套	2
8	维护诊断打印机	套	2
9	维护诊断机柜	套	1
10	维护诊断交换机	套	2
11	智能综合电源屏	套	1
12	UPS 设备	套	2
13	稳压器	套	1
14	蓄电池	套	1
15	蓄电池柜	套	2
16	电源防雷箱	套	1

4.2 设备造价分析

4.2.1 控制中心信号系统

控制中心信号系统设备造价分析见表 4-8。

控制中心信号系统设备造价分析　　表 4-8

序号	设备名称	单　　位	数　　量	单价(万元)	合价(万元)	比例(%)
1	中央网络节点	套	2	300	600	25.67
2	LTE 核心网设备	套	2	166	332	14.20
3	中央网络交换机	套	4	80	320	13.69
4	应用服务器	套	2	125	250	10.70
5	数据库服务器	套	2	125	250	10.70
6	前端处理器	套	2	54.63	109.26	4.67
7	ATS 培训服务器	套	1	100	100	4.28
8	UPS 设备	套	2	40	80	3.42
9	中央行调工作站	套	7	10	70	2.99
10	智能综合电源屏	套	2	15	30	1.28
11	蓄电池	套	2	15	30	1.28
12	大屏接口计算机	套	2	10	20	0.86
13	ATS 培训工作站	套	3	5	15	0.64

续上表

序号	设备名称	单　位	数　量	单价(万元)	合价(万元)	比例(%)
14	网管、维护、打印工作站	套	3	5	15	0.64
15	打印机设备	套	7	1.5	10.5	0.45
16	通信交换机	套	2	5	10	0.43
17	网关计算机	套	2	5	10	0.43
18	磁盘阵列	套	1	10	10	0.43
19	网络管理服务器	套	1	10	10	0.43
20	服务器机柜	套	5	1.5	7.5	0.32
21	网络管理交换机	套	1	5	5	0.21
22	ATS 培训模拟器	套	1	5	5	0.21
23	时刻表编辑工作站	套	1	5	5	0.21
24	电源防雷箱	套	1	5	5	0.21
25	LTE 核心网机柜	套	1	1.5	1.5	0.06
26	稳压器	套	1	1	1	0.04
27	蓄电池柜	套	2	0.5	1	0.04
28	工作台椅	套	1	0.2	0.2	0.01
29	其他设备及安装费				34.42	1.47
合计					2337.38	100

4.2.2　正线信号系统

正线信号系统设备造价分析见表 4-9。

正线信号系统设备造价分析　　表 4-9

序号	设备名称	单　位	数　量	单价(万元)	合价(万元)	比例(%)
1	LTE 轨旁设备(RRU)	套	362	9	3258	10.54
2	ATP/ATO 运算处理单元	套	10	298.5	2985	9.66
3	固定数据应答器	套	1720	1.33	2282.96	7.39
4	安全型继电器(各型)	套	10500	0.2	2100	6.80
5	计算机联锁系统	套	10	200	2000	6.47
6	各类组合	套	1100	1.5	1650	5.34
7	可变数据应答器	套	201	7.82	1572.28	5.09
8	防雷单元(各型)	套	11980	0.1	1198	3.88
9	三相交流电动转辙机	套	284	3.4	965.6	3.12
10	计轴磁头	套	316	3	948	3.07

续上表

序号	设备名称	单　位	数　量	单价(万元)	合价(万元)	比例(%)
11	道岔缺口检查室外分机	套	284	3	852	2.76
12	计轴电子盒	套	316	2.6	821.6	2.66
13	转辙机安装装置(含安装图,4个牵引点)	套	54	15	810	2.62
14	UPS 设备	套	22	30	660	2.14
15	免维护区间信号放大器	套	30	20	600	1.94
16	道岔密检器	套	176	3	528	1.71
17	车站网络节点	套	11	46.5	511.5	1.66
18	道岔外锁闭装置(4个牵引点)	套	54	7.2	388.8	1.26
19	接口柜(站台门接口设备)	套	18	21	378	1.22
20	LTE 合路器	套	724	0.5	362	1.17
21	车站 ATS 分机	套	10	35	350	1.13
22	蓄电池	套	22	15	330	1.07
23	轨旁数据库服务器	套	10	30.5	305	0.99
24	矮型三显示 LED 信号机	套	175	1.7	297.5	0.96
25	LTE 车站设备(BBU)	套	22	13	286	0.93
26	正线维护监测设备(含室内外设备)	套	10	28.5	285	0.92
27	转辙机安装装置(含安装图,2个牵引点)	套	34	7.5	255	0.83
28	LEU 单元	套	201	1	201	0.65
29	LTE 轨旁设备箱	套	362	0.5	181	0.59
30	车站 ATS 机柜(接口箱)	套	10	17.89	178.87	0.58
31	网络交换机	套	88	2	176	0.57
32	智能综合电源屏	套	11	15	165	0.53
33	计轴主机	套	10	12.5	125	0.40
34	道岔外锁闭装置(2个牵引点)	组	34	3.6	122.4	0.40
35	组合柜	套	90	1.2	108	0.35
36	联锁控制工作站	套	10	10	100	0.32
37	道岔缺口检查主机	套	10	8.5	85	0.28
38	断路器(各型)	套	1638	0.05	81.9	0.27

续上表

序号	设备名称	单　位	数　量	单价(万元)	合价(万元)	比例(%)
39	LTE 轨旁设备支架	套	362	0.2	72.4	0.23
40	工厂化配线槽道	套	300	0.2	60	0.19
41	灯丝报警主机及采集板	套	10	5	50	0.16
42	信号设备维修平台	套	231	0.2	46.2	0.15
43	防雷分线柜	套	22	1.4	30.8	0.10
44	车站 ATS 工作站	套	10	3	30	0.10
45	维护工作站	套	10	3	30	0.10
46	变压器 BD1-7	套	88	0.3	26.4	0.09
47	发车指示器	套	18	1	18	0.06
48	BDX 型限时断相保护器	套	88	0.2	17.6	0.06
49	信号机托架	套	175	0.1	17.5	0.06
50	网络机柜	套	11	1.5	16.5	0.05
51	LTE 车站级机柜	套	11	1.5	16.5	0.05
52	电源防雷箱	套	11	1.5	16.5	0.05
53	ATP/ATO 机柜	套	10	1.5	15	0.05
54	服务器机柜	套	10	1.5	15	0.05
55	联锁机柜	套	10	1.5	15	0.05
56	计轴机柜	套	10	1.5	15	0.05
57	缺口检查机柜	套	10	1.5	15	0.05
58	维护监测机柜	套	10	1.5	15	0.05
59	稳压器	套	11	1	11	0.04
60	工作台椅及文件柜	套	11	1	11	0.04
61	组合排架报警器	套	53	0.2	10.6	0.03
62	计轴复位盘	套	10	1	10	0.03
63	阻容盒	套	88	0.1	8.8	0.03
64	紧急停车按钮箱	套	54	0.15	8.1	0.03
65	蓄电池柜	套	11	0.5	5.5	0.02
66	各类报警装置	套	11	0.5	5.5	0.02
67	车站 ATS 打印机	套	10	0.5	5	0.02
68	维护打印机	套	10	0.5	5	0.02
69	发车指示器托架	套	18	0.21	3.78	0.01
70	无人自动折返按钮箱	套	1	2	2	0.01
71	其他设备及安装费				1773.91	5.74
合计					30902.99	100

4.2.3 车辆段/停车场信号系统

车辆段/停车场信号系统设备造价分析见表4-10。

车辆段/停车场信号系统设备造价分析　　表4-10

序号	设备名称	单位	数量	单价(万元)	合价(万元)	比例(%)
1	计轴磁头	套	127	3	381	13.38
2	安全型继电器(各型)	套	1800	0.2	360	12.64
3	计轴电子盒	套	127	2.6	330.2	11.59
4	各类组合	套	180	1.5	270	9.48
5	计算机联锁系统	套	1	200	200	7.02
6	转辙机安装装置(含安装图,1个牵引点)	套	45	3.8	171	6
7	三相交流电动转辙机	套	45	3.4	153	5.37
8	防雷单元(各型)	套	1000	0.1	100	3.51
9	道岔缺口检查室外分机	套	49	2	98	3.44
10	道岔外锁闭装置(1个牵引点)	套	45	1.8	81	2.84
11	UPS设备	套	2	40	80	2.81
12	矮型三显示LED信号机	套	42	1.7	71.4	2.51
13	无线访问接入点(AP)	套	20	3	60	2.11
14	矮型二显示LED信号机	套	50	1.2	60	2.11
15	车站网络节点	套	1	46.5	46.5	1.63
16	LTE轨旁设备(RRU)	套	4	9	36	1.26
17	蓄电池	套	2	15	30	1.05
18	微机监测系统设备	套	1	28.5	28.5	1
19	LTE车站设备(BBU)	套	2	13	26	0.91
20	计轴主机	套	2	12.5	25	0.88
21	断路器(各型)	套	500	0.05	25	0.88
22	组合柜	套	16	1.2	19.2	0.67
23	车站ATS机柜(接口箱)	套	1	17.89	17.89	0.63
24	智能综合电源屏	套	1	15	15	0.53
25	转辙机安装装置(含安装图,4个牵引点)	套	1	15	15	0.53
26	变压器BD1-7	套	49	0.3	14.7	0.52

续上表

序号	设备名称	单位	数量	单价(万元)	合价(万元)	比例(%)
27	高柱三显示 LED 信号机	套	6	1.7	10.2	0.36
28	灯丝报警主机及采集板	套	2	5	10	0.35
29	BDX 型限时断相保护器	套	49	0.2	9.8	0.34
30	道岔缺口检查主机	套	1	8.5	8.5	0.30
31	工厂化配线槽道	套	40	0.2	8	0.28
32	道岔外锁闭装置(4 个牵引点)	套	1	7.2	7.2	0.25
33	车站 ATS 工作站	套	2	3	6	0.21
34	道岔密检器	套	2	3	6	0.21
35	防雷分线柜	套	4	1.4	5.6	0.20
36	电缆绝缘测试装置组合式	套	1	5	5	0.18
37	阻容盒	套	49	0.1	4.9	0.17
38	LTE 轨旁设备支架	套	24	0.2	4.8	0.17
39	计轴机柜	套	3	1.5	4.5	0.16
40	网络交换机	套	2	2	4	0.14
41	LTE 合路器	套	8	0.5	4	0.14
42	走线架	套	40	0.1	4	0.14
43	联锁机柜	套	2	1.5	3	0.11
44	微机监测机柜	套	2	1.5	3	0.11
45	维修工作站	套	1	3	3	0.11
46	车辆派班工作站(含打印机)	套	1	3	3	0.11
47	接口柜	套	2	1.5	3	0.11
48	高柱二显示 LED 信号机	套	2	1.2	2.4	0.08
49	LTE 轨旁设备箱	套	4	0.5	2	0.07
50	网络机柜	套	1	1.	1.5	0.05
51	缺口检查机柜	套	1	1.50	1.5	0.05
52	电源防雷箱	套	1	1.5	1.5	0.05
53	LTE 车站级机柜	套	1	1.5	1.5	0.05
54	组合排架报警器	套	6	0.2	1.2	0.04
55	车站 ATS 打印机	套	2	0.5	1	0.04
56	计轴复位盘	套	1	1	1	0.04
57	稳压器	套	1	1	1	0.04
58	蓄电池柜	套	2	0.5	1	0.04

续上表

序号	设备名称	单位	数量	单价(万元)	合价(万元)	比例(%)
59	工作台椅及文件柜	套	1	1	1	0.04
60	洗车库按钮盘	套	1	0.3	0.3	0.01
61	其他设备及安装费				295.81	10.38
合计					2848.49	100

4.2.4 试车线信号系统

试车线信号系统设备造价分析见表4-11。

试车线信号系统设备造价分析　　表4-11

序号	设备名称	单位	数量	单价(万元)	合价(万元)	比例(%)
1	ATP/ATO运算处理单元	套	1	298.5	298.5	27.37
2	试车线联锁单元	套	1	200	200	18.34
3	LTE核心网设备	套	1	166	166	15.22
4	UPS设备	套	2	30	60	5.50
5	可变数据应答器	套	6	7.82	46.93	4.30
6	固定数据应答器	套	30	1.33	39.82	3.65
7	LTE轨旁设备(RRU)	套	4	9	36	3.30
8	计轴磁头	套	8	3	24	2.20
9	矮型三显示LED信号机	套	12	2	24	2.20
10	计轴电子盒	套	8	2.6	20.8	1.91
11	安全型继电器(各型)	套	100	0.2	20	1.83
12	各类组合	套	12	1.5	18	1.65
13	无线访问接入点(AP)	套	6	3	18	1.65
14	蓄电池	套	1	15	15	1.38
15	智能综合电源屏	套	1	15	15	1.38
16	LTE车站设备(BBU)	套	1	13	13	1.19
17	计轴主机	套	1	12.5	12.5	1.15
18	试车线控制工作站	套	1	10	10	0.92
19	LEU单元	套	6	1	6	0.55
20	电源防雷箱	套	1	5	5	0.46
21	灯丝报警主机及采集板	套	1	5	5	0.46
22	防雷单元(各型)	套	50	0.1	5	0.46
23	组合柜	套	3	1.5	4.5	0.41

续上表

序号	设备名称	单　位	数　量	单价(万元)	合价(万元)	比例(%)
24	LTE 合路器	套	8	0.5	4	0.37
25	试车线控制台	套	1	2	2	0.18
26	接口设备模拟器	套	1	2	2	0.18
27	LTE 轨旁设备箱	套	4	0.5	2	0.18
28	LTE 轨旁设备支架	套	10	0.2	2	0.18
29	断路器(各型)	套	35	0.05	1.75	0.16
30	ATP/ATO 机柜	套	1	1.5	1.5	0.14
31	联锁机柜	套	1	1.5	1.5	0.14
32	计轴机柜	套	1	1.5	1.5	0.14
33	LTE 车站级机柜	套	1	1.5	1.5	0.14
34	防雷分线柜	套	1	1.4	1.4	0.13
35	接口柜	套	1	1.2	1.2	0.11
36	稳压器	套	1	1	1	0.09
37	蓄电池柜	套	2	0.5	1	0.09
38	走线架	套	10	0.1	1	0.09
39	工作台椅及文件柜	套	1	1	1	0.09
40	工厂化配线槽道	套	3	0.2	0.6	0.06
41	打印机	套	1	0.5	0.50	0.05
42	组合排架报警器	套	1	0.0	0.2	0.02
43	其他设备及安装费				32.98	3.02
合计					1090.7	100

4.2.5　车载信号系统

车载信号系统设备造价分析见表 4-12。

车载信号系统设备造价分析　　表 4-12

序号	设备名称	单　位	数　量	单价(万元)	合价(万元)	比例(%)
1	ATP/ATO 车载计算机	套	50	36	1800	28.03
2	车载无线单元	套	100	12.5	1250	19.46
3	车载 VOBC 机柜	套	50	14	700	10.90
4	车载传感设备	套	50	13	650	10.12
5	车载司机显示单元	套	50	11	550	8.56
6	车载交换机	套	50	10	500	7.79

续上表

序号	设备名称	单位	数量	单价(万元)	合价(万元)	比例(%)
7	加速度计	套	50	8	400	6.23
8	车载 ATP/ATO 无线天线	套	50	4.83	241.5	3.76
9	应答器天线	套	50	1	50	0.78
10	多普勒雷达	套	50	1	50	0.78
11	车载中继连接器	套	50	1	50	0.78
12	安全型继电器(各型)	套	50	0.10	5	0.08
13	其他设备及安装费				175.29	2.73
合计					6421.79	100

4.2.6 培训中心信号系统

培训中心信号系统设备造价分析见表 4-13。

培训中心信号系统设备造价分析 表 4-13

序号	设备名称	单位	数量	单价(万元)	合价(万元)	比例(%)
1	ATP/ATO 运算处理单元	套	1	300	300	24.92
2	计算机联锁系统	套	1	300	300	24.92
3	UPS 设备	套	2	40	80	6.64
4	车载设备仿真测试台	套	1	50	50	4.15
5	计轴主机	套	1	40	40	3.32
6	ATP/ATO 车载计算机	套	1	36	36	2.99
7	车站 ATS 分机	套	1	35	35	2.91
8	车载无线单元	套	1	25	25	2.08
9	模拟服务器	套	1	20	20	1.66
10	LEU 单元	套	2	10	20	1.66
11	可变数据应答器	套	2	8.82	17.64	1.47
12	安全型继电器(各型)	套	80	0.2	16	1.33
13	智能综合电源屏	套	1	15	15	1.25
14	蓄电池	套	1	15	15	1.25
15	应答器天线	套	1	15	15	1.25
16	断路器(各型)	套	15	1	15	1.25
17	三相交流电动转辙机	套	4	3.4	13.6	1.13
18	LTE 车站设备(BBU)	套	1	13	13	1.08
19	车载传感设备	套	1	13	13	1.08

续上表

序号	设备名称	单　位	数　量	单价(万元)	合价(万元)	比例(%)
20	车载司机显示单元	套	1	11	11	0.91
21	联锁控制工作站	套	1	10	10	0.83
22	道岔缺口检查主机	套	1	10	10	0.83
23	车载 ATP/ATO 无线天线	套	2	4.83	9.66	0.80
24	计轴磁头	套	3	3	9	0.75
25	LTE 轨旁设备(RRU)	套	1	9	9	0.75
26	加速度计	套	1	9	9	0.75
27	计轴电子盒	套	3	2.7	8.1	0.67
28	道岔缺口检查室外分机	套	4	2	8	0.66
29	组合排架报警器	套	2	4	8	0.66
30	矮型三显示 LED 信号机	套	3	2	6	0.50
31	电源防雷箱	套	1	5	5	0.42
32	固定数据应答器	套	3	1.33	3.98	0.33
33	转辙机安装装置(含安装图)	套	1	3.4	3.4	0.28
34	计轴复位盘	套	3	1	3	0.25
35	无线访问接入点(AP)	套	1	3	3	0.25
36	防雷单元(各型)	套	30	0.1	3	0.25
37	道岔外锁闭装置(4个牵引点)	套	1	2.5	2.5	0.21
38	发车指示器	套	2	1.21	2.42	0.20
39	培训工作站	套	2	1	2	0.17
40	无人自动折返按钮箱	套	1	2	2	0.17
41	道岔密检器	套	2	1	2	0.17
42	工厂化配线槽道	套	10	0.2	2	0.17
43	ATP/ATO 机柜	套	1	1.5	1.5	0.12
44	联锁机柜	套	1	1.5	1.5	0.12
45	计轴机柜	套	1	1.5	1.5	0.12
46	LTE 车站级机柜	套	1	1.5	1.5	0.12
47	稳压器	套	1	1	1	0.08
48	灯丝报警主机及采集板	套	1	1	1	0.08
49	车站 ATS 工作站	套	1	1	1	0.08
50	LTE 合路器	套	2	0.5	1	0.08
51	多普勒雷达	套	1	1	1	0.08

续上表

序号	设备名称	单位	数量	单价(万元)	合价(万元)	比例(%)
52	工作台椅及文件柜	套	1	1	1	0.08
53	紧急停车按钮箱	套	2	0.3	0.6	0.05
54	蓄电池柜	套	1	0.5	0.5	0.04
55	车站 ATS 机柜	套	1	0.5	0.5	0.04
56	LTE 轨旁设备箱	套	1	0.5	0.5	0.04
57	LTE 轨旁设备支架	套	2	0.2	0.4	0.03
58	杆上终端电缆盒 HG6	套	2	0.1	0.2	0.02
59	终端电缆盒 HZ12	套	2	0.1	0.2	0.02
60	终端电缆盒 HZ24	套	2	0.1	0.2	0.02
61	应答器电缆盒	套	2	0.1	0.2	0.02
62	分向盒 HF4	套	2	0.1	0.2	0.02
63	分向盒 HF7	套	2	0.1	0.2	0.02
64	光缆终端盒 OTB-I	套	2	0.1	0.2	0.02
65	阻容盒	套	2	0.1	0.2	0.02
66	其他设备及安装费				16.61	1.38
合计					1204.02	100

4.2.7 维修中心信号系统

维修中心信号系统设备造价分析见表4-14。

维修中心信号系统设备造价分析 表4-14

序号	设备名称	单位	数量	单价(万元)	合价(万元)	比例(%)
1	维护诊断服务器	套	2	5	10	11.46
2	维护诊断交换机	套	2	5	10	11.46
3	智能综合电源屏	套	1	10	10	11.46
4	蓄电池	套	1	10	10	11.46
5	维护诊断打印机	套	2	3.2	6.4	7.33
6	维护诊断机柜	套	1	5	5	5.73
7	电源防雷箱	套	1	5	5	5.73
8	维护诊断工作站	套	2	2.379	4.76	5.45
9	网络管理交换机	套	2	2	4	4.58
10	不间断电源设备 UPS	套	2	2	4	4.58
11	网络管理工作站	套	1	3.4	3.4	3.90

续上表

序号	设备名称	单位	数量	单价(万元)	合价(万元)	比例(%)
12	网络管理服务器	套	1	3	3	3.44
13	稳压器	套	1	3	3	3.44
14	蓄电池柜	套	2	1	2	2.29
15	网络管理机柜	套	1	1.062	1.06	1.22
16	网络管理打印机	套	1	0.3	0.3	0.34
17	其他设备及安装费				5.37	6.15
合计					87.29	100

第 5 章　信号系统造价指标分析

5.1 信号系统分项造价指标分析

5.1.1　中央级（控制中心）信号系统

中央级信号系统设备中的服务器以进口为主，软件以国产（合资）为主，工作站为国产。

结合近期建设线路的概算指标来看，正常线路中央级信号系统费用约为 2000 万元（规模、大小不同，有一定差异），其中费用较大的项目包括应用服务器、数据库服务器、前端处理器、中央网络节点、中央网络交换机、ATS 培训服务器、中央行调工作站、UPS 设备等。 延长线一般需对既有线中央级进行改造、升级、扩容、搬迁等，费用不确定性较大。

中央级信号系统费用中设备费的占比较大，约为 98%；安装费占比较小，约为 2%。

5.1.2　正线及轨旁信号系统

正线站台设备包括发车指示器、紧急停车按钮。

正线轨旁设备包括转辙机、信号机、计轴轨旁设备、车地通信设备（含无线通信和点式通信设备）、信号箱盒、光电缆。

正线仅在道岔区段、车站正方向发车位置、尽头线终点、折返进路终点、进入正线的入口及其他需要防护的特殊位置设地面信号机，其余均不设地面信号机。

在国内轨道交通信号系统采用 CBTC 的情况下，正线区段列车以车载设备显示作为行车凭证，而不以信号显示作为行车凭证。

在 CBTC 模式下正线信号灯采用灭灯方式（尽头阻挡信号机除外），在无车载信号列车及地面 ATP 故障情况下降级运行的列车等按信号机的显示由人工驾驶列车运行。

站台设置折返按钮，实现列车折返和车载设备驾驶端的自动转换。

正线及轨旁设备中的 ATP/ATO 设备、计轴设备以进口为主，数据通信传输系统设备、车站 ATS 设备、正线计算机联锁设备以国产（合资）为主，智能电源设备、转辙机、信号机、继电器、组合柜、接口柜等现场设备均为国产。

结合近期建设线路的概算指标来看，正线及轨旁信号系统费用为 700 ~ 800 万元/正线公里（不考虑全自动驾驶），其中费用较大的项目包括 ATP/ATO 运算处理单元、轨旁数据库服务器、车站网络节点、网络交换机、站台门接口设备、组合柜、计算机联锁系统设备、联锁控制工作站、计轴设备、继电器、应答器、车站 ATS 分机、转辙机、信号机、UPS 设备等。

正线及轨旁信号系统费用中设备费占比约 75%，安装费占比约 25%，站间距大小不同，有一定的差异。

5.1.3 车辆段/停车场信号系统

车辆段/停车场内应设置 DCS 系统（含车地无线通信设备）相关设备，实现车辆段/停车场内无线覆盖。

车辆段/停车场信号系统中的计算机联锁设备、微机监测设备、智能电源设备、转辙机、信号机、继电器、应答器、组合柜、接口柜等均为国产。

结合近期建设线路的概算指标来看，车辆段/停车场信号系统费用为 80 ~ 90 万元/联锁道岔，其中费用较大的项目包括计算机联锁设备、计轴设备、继电器、无线 AP、信号机、转辙机、UPS 设备等。

车辆段/停车场信号系统费用中设备费占比约 75%，安装费占比约 25%。

5.1.4 试车线信号系统

试车线信号系统应按试车及正线系统功能要求进行闭塞分区的划分。

试车线上的道岔和道岔防护信号机均由车辆段联锁系统控制。作为联锁控制的一部分，试车线道岔区段的占用/空闲状态应安全、可靠地反映到联锁系统。

试车线信号系统中的 ATP/ATO 设备以进口为主，试车线控制设备、智能电源设备等均为国产。

结合近期建设线路的概算指标来看，正常试车线信号系统费用约为 1000 万元，部分线路受试车线长度影响，指标有一定差异，其中费用较大的项目包括 ATP/ATO 设备、试车线联锁单元、继电器、应答器、UPS 设备等。

试车线信号系统费用中设备费占比约85%，安装费占比约15%。

5.1.5 车载信号系统

车载信号系统中的车载ATP/ATO设备以进口为主，外围设备均为国产。

结合近期建设线路的概算指标来看，车载信号系统费用约为250万元/列（全自动驾驶线路指标约为300万元/列），其中费用较大的项目包括车载ATP/ATO计算单元、车载司机显示单元、车载无线单元、车载ATP/ATO无线天线、车载交换机、应答器天线、车载传感设备等。

试车线信号系统费用中设备费占比约97%，安装费占比约3%。

5.1.6 培训中心信号系统

培训中心信号系统中的培训服务器及软件以进口为主，培训工作站以国产（合资）为主。

结合近期建设线路的概算指标来看，培训中心信号系统费用约为1000万元，其中费用较大的项目包括ATP/ATO运算处理单元、计算机联锁设备、计轴设备、模拟服务器、车载设备仿真测试台、车站ATS分机、ATP/ATO车载计算机、车载无线单元、UPS设备等。

试车线信号系统费用中设备费占比约97%，安装费占比约3%。

5.1.7 维修中心信号系统

1）维修管理体制

信号系统是保证行车安全、提高运营效率的重要设备。要保证系统安全可靠地运行，则必须建立高效快捷的维修体系，而高效快捷的维修体系又依赖于具有完整故障监测、高效故障诊断和处理以及网络化等功能的维护监测子系统。因此，应考虑设置设备集中监测及集中诊断系统，将信号系统的所有设备纳入该系统的监测诊断范围。

维修系统应充分利用计算机技术、网络技术、数据传输技术，在维修中心、正线维护工区及设备集中站信号设备室对分布于控制中心、正线车站及车辆段/停车场的信号设备的使用情况进行远程实时监测、远程故障报警和诊断以及数据的统计和分析，为故障的及时处理提供可靠依据，以进一步缩短故障的平均修复时间（MTTR）、提高系统的可维护性。

在车辆段综合维修基地设信号维修中心，在正线设备集中站、车辆段/停车场及控制中心设置维护工区。对现场设备的维修实行集中修（维修中心）与分散维护相结合，以集中修为主的原则。

2)维护监测系统

结合维修管理体制，信号系统和ATS的维护监测系统由维修中心、控制中心、正线车站、车辆段/停车场等处的维护监测设备组成，主要包括维护系统服务器和数据存储设备、维护工作站、信号集中监测设备、道岔缺口监测设备、网络设备及打印机等。具体设备配置如下：

（1）维修中心设备

在车辆段综合维修基地内设置信号系统维修中心设备，用于实时采集全线的故障报警信息，以便调度维修人员能够迅速准确地进行快速维修。维修中心设备主要包括：

①维护系统服务器和数据存储设备；

②电源监测报警工作站；

③维护工作站；

④网管工作站；

⑤网络设备；

⑥打印机；

⑦电源设备，配备一套智能电源设备和在线式UPS设备，后备时间为30min。

（2）控制中心维护监测设备

控制中心维护监测设备主要包括：

①电源监测报警工作站；

②维护工作站；

③网管工作站；

④打印机。

（3）车站维护监测设备

车站维护监测设备主要包括正线设备集中站信号设备室设置的信号集中监测设备、道岔缺口监测设备，正线工区及集中站设备室设置的维护工作站，用于对信号设备的使用情况进行远程实时监测、远程故障报警和诊断以及数据的统计和分析。

（4）车辆段/停车场维护监测设备

车辆段/停车场维护监测设备主要包括在信号楼信号设备室设置的信号集中监测设备、道岔缺口监测设备，在维护工区及设备室设置的维护工作站，用于对信号设备的使用情况进行远程实时监测、远程故障报警和诊断以及数据的统计和分析。

维修中心信号系统设备均以国产为主。

结合近期建设线路的概算指标来看，维修中心信号系统费用约为100万元（不含专用工具及相关仪器仪表），其中费用较大的项目包括服务器、工作站、交换机、智能综合电源屏等。

维修中心信号系统费用中设备费占比约97%，安装费占比约3%。

5.2 信号系统综合造价指标分析

5.2.1 信号系统概算指标分析

结合广州、南宁、福州、深圳等地铁线路信号系统概算情况，经统计，正常线路信号系统概算指标为1300 ~1500万元/正线公里（受段场设置、购车数量等因素影响），部分站间距较大的线路概算指标略低，部分延长线概算指标略高。

5.2.2 信号系统建安费、设备费占比分析

结合广州、南宁、福州、深圳等地铁线路信号系统概算情况，经统计，信号系统建安费占比平均为20%，设备费占比平均为80%。早期线路设备费用占比较高（国产化率低，设备单价高），安装费占比较低（人工费低）；近期线路设备费占比明显降低，安装费占比明显提高。同时，由于不同线路站间距差异，站间距较大的线路，设备费占比较低；站间距较小的线路，设备费占比较高。另外，延长线设备费占比明显高于既有线。

以某线路概算为例，信号系统分项指标详见表5-1。

信号系统各分项指标

表5-1

序号	项目名称	单位	数量	建筑费（万元）	安装费（万元）	设备费（万元）	费用合计（万元）	技术经济指标（万元）	费用占比（%）
1	正线	正线公里	61.3	10390.46	1773.91	27361.32	39525.69	644.79	66.77
2	控制中心	座	1	15.97	18.45	2294.56	2328.98	2328.98	3.93
3	车辆段	连锁道岔	46	610.36	295.81	2713.66	3619.82	78.69	6.12
4	停车场	连锁道岔	25	324.32	175.05	1712.44	2211.81	88.47	3.74
5	车载	列	25	15.95	175.29	6249.50	6440.74	257.63	10.88
6	试车线	处	1	110.11	32.98	1050.86	1193.95	1193.95	2.02

续上表

序号	项目名称	单位	数量	建筑费（万元）	安装费（万元）	设备费（万元）	费用合计（万元）	技术经济指标（万元）	费用占比（%）
7	培训中心	处	1	13.05	16.61	1037.37	1067.03	1067.03	1.80
8	维修中心	处	1		5.37	81.92	87.29	87.29	0.15
9	工程车车载信号设备	列	8			2720	2720	340	4.59
合计		正线公里	61.3	11480.21	2493.47	45221.63	59195.31	965.67	100
费用占比（%）				19.39	4.21	76.39	100		

第6章　信号系统造价指标应用

6.1 信号系统造价指标模型

信号系统造价指标模型是一种理想状态，而实际工程中信号系统指标会出现一定差异。

信号系统造价指标影响因素有：

（1）线路长度；

（2）车站数量；

（3）车辆选型、系统制式；

（4）配车数量；

（5）车辆段/停车场数量、规模；

（6）试车线设置；

（7）控制中心方案（新建、改建、扩建）；

（8）维修中心、培训中心设置；

（9）工程车车载设备设置。

考虑以上影响因素，结合信号系统工程量计算原则、设备单价分析、实际案例分析、指标分析，总结出信号系统造价指标测算模型，见表6-1。

信号系统造价指标测算模型　　表6-1

序号	项目名称	单　位	造价指标
1	线路长度	万元/km	600
2	线路长度(全自动驾驶)	万元/km	700
3	车站数量	万元/座	300
4	控制中心	万元/座	2000
5	车辆段/停车场	万元/联锁道岔	80
6	车辆段/停车场(全自动驾驶)	万元/联锁道岔	100
7	试车线	万元/处	1000
8	车载	万元/列	250
9	车载(全自动驾驶)	万元/列	300
10	培训中心	万元/处	1000
11	维修中心	万元/处	100

6.2 信号系统造价指标应用与验证

6.2.1 信号系统造价指标应用

根据前述分析的信号系统造价指标模型，结合部分城市轨道交通线路的具体情况，测算各线信号系统具体费用，见表6-2 ~表6-10。

地铁A线信号系统费用测算　　表6-2

序号	项目名称	单　位	数　量	单价(万元)	合价(万元)
1	线路长度	km	61	600	36600
2	线路长度(全自动驾驶)	km		700	0
3	车站数量	座	9	300	2700
4	控制中心	座	1	2000	2000
5	车辆段/停车场	联锁道岔	71	80	5680
6	车辆段/停车场(全自动驾驶)	联锁道岔		100	0
7	试车线	处	1	1000	1000
8	车载	列	33	250	8250
9	车载(全自动驾驶)	列		300	0
10	培训中心	处	1	1000	1000
11	维修中心	处	1	100	100
合计					57330

地铁B线信号系统费用测算　　表6-3

序号	项目名称	单　位	数　量	单价(万元)	合价(万元)
1	线路长度	km	31	600	18600
2	线路长度(全自动驾驶)	km		700	0
3	车站数量	座	8	300	2400
4	控制中心	座	1	2000	2000
5	车辆段/停车场	联锁道岔	29	80	2320
6	车辆段/停车场(全自动驾驶)	联锁道岔		100	0
7	试车线	处	1	1000	1000
8	车载	列	17	250	4250
9	车载(全自动驾驶)	列		300	0
10	培训中心	处	1	1000	1000
11	维修中心	处	1	100	100
合计					31670

地铁 C 线信号系统费用测算

表 6-4

序号	项目名称	单　位	数　量	单价(万元)	合价(万元)
1	线路长度	km	34	600	20400
2	线路长度(全自动驾驶)	km		700	0
3	车站数量	座	23	300	6900
4	控制中心	座	1	2000	2000
5	车辆段/停车场	联锁道岔	44	80	3520
6	车辆段/停车场(全自动驾驶)	联锁道岔		100	0
7	试车线	处	1	1000	1000
8	车载	列	42	250	10500
9	车载(全自动驾驶)	列		300	0
10	培训中心	处	1	1000	1000
11	维修中心	处	1	100	100
合计					45420

地铁 D 线信号系统费用测算

表 6-5

序号	项目名称	单　位	数　量	单价(万元)	合价(万元)
1	线路长度	km		600	0
2	线路长度(全自动驾驶)	km	38	700	26600
3	车站数量	座	25	300	7500
4	控制中心	座	1	2000	2000
5	车辆段/停车场	联锁道岔		80	0
6	车辆段/停车场(全自动驾驶)	联锁道岔	76	100	7600
7	试车线	处	1	1000	1000
8	车载	列		250	0
9	车载(全自动驾驶)	列	56	300	16800
10	培训中心	处	1	1000	1000
11	维修中心	处	1	100	100
合计					62600

地铁 E 线信号系统费用测算

表 6-6

序号	项目名称	单　位	数　量	单价(万元)	合价(万元)
1	线路长度	km	10	600	5994
2	线路长度(全自动驾驶)	km		700	0
3	车站数量	座	6	300	1800
4	控制中心	座	1	2000	2000

续上表

序号	项 目 名 称	单 位	数 量	单价(万元)	合价(万元)
5	车辆段/停车场	联锁道岔	24	80	1920
6	车辆段/停车场(全自动驾驶)	联锁道岔		100	0
7	试车线	处		1000	0
8	车载	列	16	250	4000
9	车载(全自动驾驶)	列		300	0
10	培训中心	处	1	1000	1000
11	维修中心	处	1	100	100
合计					16814

地铁F线信号系统费用测算 表6-7

序号	项 目 名 称	单 位	数 量	单价(万元)	合价(万元)
1	线路长度	km		600	0
2	线路长度(全自动驾驶)	km	25	700	17472
3	车站数量	座	19	300	5700
4	控制中心	座	1	2000	2000
5	车辆段/停车场	联锁道岔		80	0
6	车辆段/停车场(全自动驾驶)	联锁道岔	53	100	5300
7	试车线	处	1	1000	1000
8	车载	列		250	0
9	车载(全自动驾驶)	列	48	300	14400
10	培训中心	处	1	1000	1000
11	维修中心	处	1	100	100
合计					46972

地铁G线信号系统费用测算 表6-8

序号	项 目 名 称	单 位	数 量	单价(万元)	合价(万元)
1	线路长度	km	10	600	5970
2	线路长度(全自动驾驶)	km		700	0
3	车站数量	座	4	300	1200
4	控制中心	座	1	2000	2000
5	车辆段/停车场	联锁道岔	29	80	2320
6	车辆段/停车场(全自动驾驶)	联锁道岔		100	0
7	试车线	处	1	1000	1000
8	车载	列	12	250	3000

续上表

序号	项目名称	单位	数量	单价(万元)	合价(万元)
9	车载(全自动驾驶)	列		300	0
10	培训中心	处	1	1000	1000
11	维修中心	处	1	100	100
合计					16590

地铁H线信号系统费用测算

表6-9

序号	项目名称	单位	数量	单价(万元)	合价(万元)
1	线路长度	km		600	0
2	线路长度(全自动驾驶)	km	22	700	15400
3	车站数量	座	11	300	3300
4	控制中心	座	1	2000	2000
5	车辆段/停车场	联锁道岔		80	0
6	车辆段/停车场(全自动驾驶)	联锁道岔	25	100	2500
7	试车线	处	1	1000	1000
8	车载	列		250	0
9	车载(全自动驾驶)	列	21	300	6300
10	培训中心	处	1	1000	1000
11	维修中心	处	1	100	100
合计					31600

地铁I线信号系统费用测算

表6-10

序号	项目名称	单位	数量	单价(万元)	合价(万元)
1	线路长度	km	12	600	7200
2	线路长度(全自动驾驶)	km		700	0
3	车站数量	座	8	300	2400
4	控制中心	座	1	2000	2000
5	车辆段/停车场	联锁道岔		80	0
6	车辆段/停车场(全自动驾驶)	联锁道岔		100	0
7	试车线	处		1000	0
8	车载	列	16	250	4000
9	车载(全自动驾驶)	列		300	0
10	培训中心	处		1000	0
11	维修中心	处	1	100	100
合计					15700

6.2.2　信号系统造价指标验证

信号系统模型测算与实际概算费用对比，见表6-11。

信号系统模型测算与实际概算费用对比　　表6-11

序号	线路名称	模型估算(万元)	实际概算(万元)	偏差费用(万元)	偏差比例(%)
1	地铁A线	57330	58906	1576	2.75
2	地铁B线	31670	31206	-464	-1.47
3	地铁C线	45420	44695	-725	-1.60
4	地铁D线	62600	60808	-1792	-2.86
5	地铁E线	16814	16872	58	0.34
6	地铁F线	46972	48321	1349	2.87
7	地铁G线	16590	17310	720	4.34
8	地铁H线	31600	36397	4797	15.18
9	地铁I线	15700	16293	593	3.77
合计		324696	330808	6112	1.88

由表6-11可以看出，9条线路信号系统模型测算与实际概算费用相比，基本匹配，平均偏差仅为1.88%；除H线外，其余线路偏差均在5%以内。

H线偏差费用4797万元，偏差比例15.18%，主要是因为该线属延长线路，实际概算考虑接入改造费用。另外，还考虑了线网指挥中心接入费用、信号系统运维保障综合管理系统费用等。

通过以上分析可知，该模型基本与项目实际情况匹配，但对于特殊线路，存在一定的偏差。